Administrative Effizienz
des 6. Forschungsrahmenprogramms

Beiträge zur europäischen Integration
aus der FHVR Berlin
Band 6

Marita Düsterhöft-Lange

Administrative Effizienz des 6. Forschungsrahmenprogramms

Fachhochschule für Verwaltung und Rechtspflege Berlin
– University of Applied Sciences –

Satz und Herstellung: Books on Demand GmbH, Norderstedt
Bezug durch den Buchhandel

ISBN: 978-3-933633-94-1

Vorwort zur Publikationsreihe

In der vorliegenden Reihe „Beiträge zur europäischen Integration" werden herausragende wissenschaftliche Arbeiten publiziert, die aus den einschlägigen Forschungsaktivitäten an der FHVR Berlin und dem Netzwerk der mit ihr kooperierenden Hochschulen hervorgehen. Damit soll nicht allein die Vielfalt und Qualität der in diesem Rahmen geleisteten Forschung dokumentiert werden, damit wird auch beabsichtigt, die Diskurse um die zukünftige Gestalt Europas und die Funktion der Europäischen Union zu befördern. Der wissenschaftliche Streit und die öffentliche Debatte sind originäre Bestandteile der europäischen Kultur, das moderne Europa ist ein Ergebnis jahrzehntelanger Diskussions- und – manchmal auch quälender – Lernprozesse, an diesen Prozessen aktiv beteiligt zu sein, ist eine der vornehmsten Aufgaben unserer Zeit, und vermutlich ist das europäische Projekt heute mehr denn je auf die pointierte Mitwirkung der unabhängigen Wissenschaft, auf substantielle Reflektionen von Experten und Expertinnen der Praxis sowie auf das kompetente Engagement seiner Funktionsträger in Politik und Verwaltung angewiesen.

Nicht minder belangvoll ist die mögliche Rolle der vorliegenden Reihe bei der Europäisierung von Lehre und Studium: In diesem Sinne sollen die vorliegenden Publikationen zur verstärkten Thematisierung europäischer Inhalte in den Studiengängen der FHVR und zur besseren Verzahnung von Forschung und Lehre beitragen; denn für die meisten an der Ausbildung beteiligten Fachdisziplinen gilt, dass europäische Themen inzwischen zum genuinen Wissens- und Erkenntnisstand gehören. Europäisch vergleichende Analysen sind mittlerweile auf vielen Gebieten zu einem Standard des wissenschaftlichen Methodenkanons geworden und mit der Heterogenität der neuen Mitgliedstaaten wird ihre Bedeutung noch weiter wachsen. Sie sind ein geeignetes Mittel, um die vorhandene Vielfalt, die gemeinhin als inhärenter Reichtum des europäischen Kontinents gilt, in produktivem Sinne zu nutzen und voneinander zu lernen; sie können nicht nur das gegenseitige Verständnis füreinander vertiefen, sondern oft mehr noch zum besseren Begreifen der eigenen gesellschaftlichen Voraussetzungen beitragen.

Mit den in dieser Reihe publizierten Beiträgen geht es auch um die Integration von Wissenschaft und Praxis. Dabei sollen die Querverbindungen und Bezüge zwischen der akademischen Forschung und der politisch-administrativen Praxis mit dem übergreifenden Ziel gestärkt werden, die Legitimität und Effektivität staatlichen Handelns in – vorwiegend vergleichend – europäischer Perspektive zu diskutieren. Zum Einen sollen wissenschaftliche Auseinandersetzungen mit Problemen administrativer Praxis vorgelegt werden, die durch vergleichende Analysen auf Effektivitäts- und Effizienzpotenziale öffentlichen Handelns aufmerksam machen. Zum Anderen sollen mit den hier erscheinenden Publikationen die vielfach komplexen Rechtsgrundlagen und Verfahren europäischen Verwaltungshandelns transparenter gemacht und so implizit die europaspezifischen Kompetenzen der öffentlichen Akteure erweitert werden. Bei allen Klagen über die Komplexität des europäischen Normengeflechts ist die Verrechtlichung der zwischenstaatlichen Beziehungen gleichzeitig ein Markenzeichen des Integrationsprozesses, sie ist ein tragendes Fundament und ein Garant der gemeinsamen Zukunft. Allerdings ist bei der Umsetzung europäischen Rechts in nationalen, regionalen und lokalen Zusammenhängen in vielen Fällen keine starre Rechtsanwendung gefragt, sondern eine Anpassung der europäischen Rechtsvorschriften an die situativen Bedingungen, eine Interpretation im europäischen Geist und damit implizit eine Mitwirkung bei der ständigen Weiterentwicklung des rechtlichen Rahmens der europäischen Integration. So gesehen könnten die Beiträge auch dabei mithelfen, selbst die operative Ebene der öffentlichen Verwaltung zu einem konstruktiven Akteur des europäischen Integrationsprozesses zu machen.

Der Vielfalt der in dieser Reihe behandelten Themen sind nur wenige Grenzen gesetzt. Die Fundamente des symbolträchtigen europäischen Hauses sind in den letzten Jahren zwar zunehmend gefestigt worden: Mit der Erweiterung der EU nach Mittel- und Osteuropa wurde das Ende der Nachkriegsordnung und die Überwindung der historischen Teilung des Kontinents eingeläutet, mit der Einführung des Euro ist der wirtschaftliche Integrationsprozess und die Wirtschafts- und Währungsunion zu einem vorläufigen Höhepunkt geführt worden und mit dem vorliegenden Verfassungsentwurf tritt die Verrechtlichung der zwischenstaatlichen Beziehungen in eine neue Phase ihrer Entwicklung ein. Gleichzeitig geht der Prozess der europäischen Integration aber mit wachsender Dynamik voran und es stellen sich viele neue und alte, noch nicht bewältigte Herausforderungen: Der fortbestehende Globalisierungsdruck stellt das geschichtlich gewachsene europäische Gesellschaftsmodell permanent auf den Prüfstand, die im Zuge der Erweiterung der EU nach Mittel- und Osteuropa gewachsenen regionalen Disparitäten steigern die Komplexität des gemeinschaftlichen Regelungs- und Abstimmungsbedarfs, die notleidenden öffentlichen Haushalte, die Beschäftigungsprobleme und die demographische Entwicklung zwingen die europäischen Staaten zu einer rasanten Beschleunigung ihrer ökonomischen und sozialen Restrukturierungsprozesse, der sich verstärkende Migrationsdruck von außen fordert zu einer kontinuierlichen Auseinandersetzung mit der Spezifik europäischer Kultur- und Lebensformen heraus...

In groben Strichen ist der allgemeine Problemkreis der Beiträge damit skizziert, doch verdient zumindest ein Thema noch besonders Erwähnung zu finden: Die Entwicklung der deutsch-polnischen Kooperation stellt in politischer und kultureller Hinsicht vielleicht die größte Herausforderung der kommenden Jahre dar und im Rahmen ihrer Möglichkeiten wirken die FHVR Berlin und die Adam-Mickiewicz-Universität in Poznan bei der gemeinsamen Durchführung des Studiengangs Europäisches Verwaltungsmanagement aktiv an diesem Projekt mit. Die Zukunft Europas hängt nicht allein von der Ausformung seiner rechtlichen Rahmenbedingungen ab, sondern ebenso von der Vertiefung der Zusammenarbeit zwischen den Institutionen und den wachsenden Bindungen zwischen den Menschen aus seinen verschiedenen Mitgliedstaaten. Trotz einer gemeinsamen Verfassung und trotz der symbolischen Kraft des Euro wird sich Europa weder als hoch verdichtetes Normengeflecht noch als gemeinsamer Wirtschafts- und Währungsraum auf Dauer halten. In diesem Sinne sollen die „Beiträge zur europäischen Integration" auch und gerade die grenzüberschreitende Auseinandersetzung um diesen Prozess unterstützen und im Ergebnis zur Bildung einer von seinen Bürgerinnen und Bürgern getragenen europäischen Zivilgesellschaft beitragen.

Prof. Dr. Erwin Seyfried
Wissenschaftlicher Leiter des Masterstudienganges
Europäisches Verwaltungsmanagement

Inhaltsverzeichnis

Zusammenfassung

Die europäische Forschungspolitik war ursprünglich fokussiert auf Kern-, Kohle-, Stahl und Agrarforschung. Die gegenwärtige Forschungspolitik der Europäischen Union umfasst mehr und mehr alle Forschungsfelder und ist aktuell anwendungsorientiert auf wachstumsfördernde Schlüsseltechnologien ausgerichtet. Strategisches Instrument europäischer Forschungspolitik sind die mit der Einheitlichen Europäischen Akte offiziell etablierten Europäischen Forschungsrahmenprogramme. Diese Masterarbeit vergleicht beispielhaft das 5. Europäische Forschungsrahmenprogramm mit dem 6. Europäischen Forschungsrahmenprogramm anhand der unterschiedlichen administrativen Vorgaben für die Durchführung beider Forschungsrahmenprogramme. Mit der Einführung der administrativen Neuerungen im 6. Europäischen Forschungsrahmenprogramm sollte eine Steigerung der administrativen Effizienz des 6. Europäischen Forschungsrahmenprogramms einhergehen. Es wird die Ausgangsthese untersucht, dass das 6. Europäische Forschungsrahmenprogramm diesem Anspruch nicht gerecht wird, die Verwaltungs- und Managementstrukturen europäischer Forschungsprojekte einfacher, effizienter und unbürokratischer im Vergleich zu dem Vorgängerrahmenprogramm gestalten zu können und somit keine Effizienzsteigerung des 6. Forschungsrahmenprogramms bewirkt werden konnte.

Zunächst findet eine grundlegende wissenschaftliche Effizienzbetrachtung ausgerichtet auf das Untersuchungsobjekt der administrativen Effizienz europäischer Forschungsrahmenprogramme statt. Daraus wird ein Effizienzsystem für europäische Forschungsrahmenprogramme und deren administrative Effizienz definiert. Ausgehend vom Konstrukt der administrativen Effizienz europäischer Forschungsrahmenprogramme, werden in einem nächsten Schritt Dimensionen der administrativen Effizienz europäischer Forschungsrahmenprogramme abgeleitet. Das Konstrukt der administrativen Effizienz europäischer Forschungsrahmenprogramme umfasst eine erste begriffliche bildhafte Vorstellung dieses Effizienzbegriffes. Die Dimensionen der administrativen Effizienz konkretisieren das Konstrukt und lauten Dauer, Umfang, Verantwortlichkeiten und Aufwand. Das Effizienzsystem muss dann noch um entsprechende Vergleichskriterien und deren messbare Indikatoren ergänzt werden. Für die administrative Effizienz europäischer Forschungsrahmenprogramme werden als Vergleichskriterien Projektmanagement / Projektkoordination, Vertragsmodalitäten, Finanzierungsmodalitäten und Zahlungsmodalitäten herangezogen.

Der Vergleich des 5. Europäischen Forschungsrahmenprogramms mit dem 6. Europäischen Forschungsrahmenprogramm ergab diverse Veränderungen bei den administrativen Abwicklungsmethoden. Diese Veränderungen bewirkten bei der Europäischen Kommission fast durchweg eine Steigerung der administrativen Effizienz des 6. Europäischen Forschungsrahmenprogramms, weil das Personal der die Europäische Kommission vertretenden Generaldirektionen in fast allen administrativen Punkten entlastet wurde. Für die Projektkonsortien auf der durchführenden Seite der Europäischen Forschungsrahmenprogramme ergaben sich nur leichte personelle Entlastungen aufgrund der administrativen Neuerungen des 6. Europäischen Forschungsrahmenprogramms. Die Projektkonsortien wurden eher bei der vereinfachten Durchführung europäischer Forschungsprojekte gestärkt. So bewirkt z.B. die Einführung der „Kollektiven Verantwortlichkeit" der Projektkonsortien für die technische Durchführung der europäischen Forschungsprojekte, dass die Projektkonsortien und der Projektkoordinator eigenverantwortlicher handeln und über gewisse Projektveränderungen ohne Hinzuziehung der Kommission entscheiden können. Darüber hinaus wird im 6. Europäischen Forschungsrahmenprogramm ein Forschungsvertrag wirksam, sobald dieser von der Europäischen Kommission und dem Projektkoordinator unterzeichnet wurde. Unterschriften aller weiterer Vertragspartner sind, so wie im 5. Europäischen Forschungsrahmenprogramm, zum In-Kraft-Treten des Forschungsvertrages zunächst nicht erforderlich. Dadurch werden die Vertragsverhandlungen verkürzt und ein pünktlicher Projektstart gesichert.

Diese Tatsachen unterstützen den Zielerreichungsgrad der administrativen Effizienz des 6. Europäischen Forschungsrahmenprogramms im Hinblick auf die Erreichung fest definierter politischer Ziele. So unterstützt die administrative Struktur des 6. Europäischen Forschungsrahmenprogramms die aus der „Lissabon-Strategie für Wachstum und Beschäftigung" abgeleiteten Ziele, dass der Europäische Forschungsraum für Spitzenwissenschaftler attraktiver wird und dass Forschung und Entwicklung zu einer absoluten Priorität ausgebaut werden muss.
Die Ausgangsthese kann also somit weder aus dem Blickwinkel der Europäischen Kommission noch für die Projektkonsortien bestätigt werden. Die administrative Effizienz des 6. Forschungsrahmenprogramms hat sich sowohl im Hinblick auf eine ökonomische Wirtschaftlichkeitsbetrachtung der Effizienz als auch bei der Wirksamkeitskontrolle des Zielerreichungsgrades der administrativen Effizienz des 6. Forschungsrahmenprogramms gesteigert.

Letztendlich dienen aber die administrativen Abwicklungsmethoden europäischer Forschungsrahmenprogramme nur der Unterstützung der fachlichen, wissenschaftlich-technischen Durchführung innovativer europäischer Forschungsprojekte im Rahmen Europäischer Forschungsrahmenprogramme. Denn nur innovative Forschungsergebnisse bewirken ein Erstarken der Wettbewerbsfähigkeit der Gemeinschaftswirtschaft zum wettbewerbsfähigsten und dynamischsten wissensbasierten Wirtschaftsraum weltweit bis zum Jahr 2010, was als Hauptziel der Lissabonner Wirtschaftsstrategie verfolgt wird.

1 Einführung in das Thema

1.1 Forschungsförderung der Europäischen Union

Seit mehr als 20 Jahren betreibt die Europäische Union (EU) eine gemeinschaftliche Forschungs- und Technologiepolitik, gestützt auf Ratsentscheidungen, die Einheitliche Europäische Akte (EEA) und diverse EU-Verträge, vor allem den Vertrag von Amsterdam und den Vertrag von Maastricht. Die ursprüngliche Fokussierung gemeinschaftlicher Forschungsmaßnahmen auf Kernforschung, Kohle- und Stahlforschung sowie Agrarforschung wich über die Jahre einer Politik, die mehr und mehr alle Forschungsfelder umfasst. Im Rahmen der aktuellen Lissabon-Strategie für Wachstum und Beschäftigung stehen zurzeit allerdings wachstumsfördernde Schlüsseltechnologien im Mittelpunkt der gemeinschaftlichen Forschungsaktivitäten.[1]

Seit 1984 bündelt die EU ihre Aktivitäten im Bereich der Forschung und Entwicklung (FuE) in vierjährigen Forschungsrahmenprogrammen (FRP). Die FRP dienen der Feststellung der grundlegenden wissenschaftlichen und technologischen Ziele der EU. Sie umfassen nach dem Prinzip der Einheit der Forschungsförderung alle gemeinschaftlichen Maßnahmen im Bereich von Forschung und technologischer Entwicklung.

Die rechtliche Grundlage zur Durchführung europäischer Forschungspolitik bilden die Artikel 163 bis 173 EGV.[2]

1.2 Ziele der Forschungsförderung der Europäischen Union

Die EU betreibt Forschungsförderung nicht als Selbstzweck, sondern um wirtschaftliche und politische Ziele zu verfolgen. Die Unterstützung von Forschung und technologischer Entwicklung auf europäischer Ebene soll bewirken, dass die wissenschaftlichen und technologischen Grundlagen der gemeinschaftlichen Wirtschaft gestärkt und die Entwicklung der Wettbewerbsfähigkeit der Gemeinschaftsindustrie gefördert werden.[3]

Vor allem soll die Wettbewerbsfähigkeit der EU im internationalen Vergleich gegenüber den USA und Japan gestärkt werden.

Ziel europäischer Forschungsförderung ist darüber hinaus die Verbesserung der Lebens- und Umweltbedingungen für alle Unionsbürger.

---

[1] Hochrangige Sachverständigengruppe unter Vorsitz von Wim Kok: Die Herausforderung annehmen – Die Lissabon-Strategie für Wachstum und Beschäftigung, S. 25

[2] Läufer, Thomas: Vertrag von Nizza, S. 143 – 147

[3] Läufer, Thomas: Vertrag von Nizza, Artikel 163 EGV, S. 143

1.3 Die Bedeutung der Forschungsrahmenprogramme

Strategisches Instrument europäischer Forschungspolitik sind die mit der EEA offiziell etablierten FRP.[4] Die ersten FRP bewirkten eine starke Streuung europäischer Forschungsgelder, was hauptsächlich dem Verfahren der Einstimmigkeit im Rat geschuldet war. Sämtliche nationale Interessen mussten bei der Erstellung und Konzeption der Programme berücksichtigt werden, um ein Veto der betreffenden Staaten zu vermeiden. Dies führte dazu, dass bei den meisten europäischen Projekten nicht die notwendige „kritische Masse" erreicht wurde.[5]

Das 5. FRP hatte eine neue Programmstruktur und konzentrierte sich auf neue technologische und wissenschaftliche Ziele, die besser auf die wirtschaftlichen und gesellschaftlichen Ziele der EU ausgerichtet waren.[6] Durch die Einführung der qualifizierten Mehrheitsentscheidung im Rat konnte das 6. FRP dann noch stärker fokussiert und die Anzahl der Programmschwerpunkte erheblich reduziert werden.[7]

Der Bedeutungszuwachs gemeinschaftlicher Forschungspolitik ist auch anhand der steigenden Mittelzuweisungen für die FRP deutlich erkennbar. Im 5. FRP wurden bereits 13 % mehr Haushaltsmittel als für das 4. FRP zur Verfügung gestellt. Die Mittelausstattung für das 6. FRP wurde nochmals um 17 % aufgestockt.[8] Die Aufwendungen der EU für die Forschungsförderung erscheinen somit auf den ersten Blick sehr hoch. Immerhin handelt es sich bei dem FuE-Haushalt um den drittgrößten Einzelhaushalt der EU neben der Agrar-, Struktur- und Regionalförderung. Berechnet man aber die FuE-Ausgaben der EU pro Kopf, so entfallen z.B. für das 5. FRP auf den einzelnen Bürger der EU weniger als 10 Euro pro Jahr.[9]

Die europäischen FRP sind im Zuge ihrer Entwicklung politisch immer bedeutsamer geworden und das Interesse an ihnen wuchs. Dies liegt nicht nur an der gestiegenen finanziellen Ausstattung, sondern vor allem an der strategischen Bedeutung, die die Forschung heute besitzt. Viele ehrgeizige europäische Gemeinschaftsprojekte lassen sich auf der Ebene der Mitgliedstaaten aufgrund ihrer Komplexität und des hohen Ressourcenbedarfes nicht mehr durchführen.[10]

Zur Umsetzung der politischen Dimension europäischer Forschung bedarf es auch der effizienten Administration der europäischen Forschungsprojekte auf der Ebene der Europäischen Kommission und auf der Ebene der projektdurchführenden

---

[4]   Glante, Norbert (Hrsg.): Das 6. Forschungsrahmenprogramm, S. 10 und S. 11

[5]   Glante, Norbert (Hrsg.): Das 6. Forschungsrahmenprogramm, S. 10 und S. 11

[6]   Weidenfeld, Werner; Wessels, Wolfgang (Hrsg.): Europa von A bis Z, S. 223

[7]   Glante, Norbert (Hrsg.): Das 6. Forschungsrahmenprogramm, S. 12

[8]   Europäischer Rechnungshof: Sonderbericht über die Verwaltung indirekter FTE-Aktionen des 5. RP, S. 4

[9]   Europäischer Rechnungshof: Sonderbericht über die Verwaltung indirekter FTE-Aktionen des 5. RP, S. 4

[10] Anmerkung der Verfasserin: Beispiele für solche Gemeinschaftsprojekte sind: Airbus, GALILEO (europäisches Satellitennavigationssystem) und ITER (Hochtemperaturreaktor).

Organisationen. Diese administrativen Umsetzungsmittel sind Gegenstand dieser Masterarbeit.

Aufgrund der politischen Dimension europäischer FRP ist die Beziehung bzw. das Verhältnis zwischen der Europäischen Kommission als programmdurchführende Instanz auf europäischer Ebene und den Projektkonsortien entscheidend für die Projektdurchführung und die Abwicklung aller europäischen Forschungsvorhaben im Rahmen von FRP.

Die vorliegende Arbeit vergleicht beispielhaft das 5. FRP mit dem 6. FRP anhand der unterschiedlichen administrativen Vorgaben bei der Durchführung beider FRP, weil diese beiden FRP die aktuellsten europäischen FRP sind, zu denen bereits umfassende Erkenntnisse und Auswertungen vorliegen. Hinzu kommt, dass größere administrative Veränderungen vom 5. FRP zum 6. FRP bezüglich der Abwicklung dieser FRP eingeführt wurden, die eine Steigerung der administrativen Effizienz vom 5. FRP zum 6. FRP bewirken sollten. Es soll überprüft werden, ob das 6. FRP seinem Anspruch gerecht wird, die Verwaltungs- und Managementstrukturen europäischer Forschungsprojekte einfacher, effizienter und unbürokratischer im Vergleich zu den Vorgängerforschungsrahmenprogrammen zu gestalten.

1.4   Das 5. Forschungsrahmenprogramm

Die unabhängige Expertengruppe unter der Leitung des ehemaligen Vizepräsidenten der Kommission, Etienne Davignon, evaluierte 1997 die bisher durchgeführten Rahmenprogramme für Forschung und technologische Entwicklung und gab mit einer Vielzahl von Empfehlungen in ihrem Bericht dem 5. FRP seine Struktur.[11] Die ausgesprochenen Empfehlungen zielten auch auf eine Effizienzsteigerung im administrativen Bereich ab, was die Verwaltung der Projekte bei allen Beteiligten anbelangte.

Um die Ziele der Forschungsförderung der EU zu erreichen, trifft die Gemeinschaft Maßnahmen, welche die in den Mitgliedstaaten durchgeführten Aktionen nach dem Grundsatz der Subsidiarität ergänzen. Diese Maßnahmen sind im 5. FRP angelehnt an Artikel 164 EGV:

- **1. Maßnahme:**
  Durchführung von Programmen für die Forschung, technologische Entwicklung und Demonstration unter Förderung der Zusammenarbeit mit und zwischen Unternehmen, Forschungszentren und Hochschulen,

---

[11]   Weidenfeld, Werner; Wessels, Wolfgang (Hrsg.): Europa von A bis Z, S. 223

- **2. Maßnahme:**

  Förderung der Zusammenarbeit mit dritten Ländern und internationalen Organisationen auf dem Gebiet der gemeinschaftlichen Forschung, technologischen Entwicklung und Demonstration,

- **3. Maßnahme:**

  Verbreitung und Auswertung der Ergebnisse der Tätigkeiten auf dem Gebiet der gemeinschaftlichen Forschung, technologischen Entwicklung und Demonstration,

- **4. Maßnahme:**

  Förderung der Ausbildung und der Mobilität der Forscher aus der Gemeinschaft.[12]

Die erste Maßnahme unterteilt sich wiederum in vier vertikale Programme, die sich mit einer Reihe genau definierter thematischer Problemkreise befassen. Die zweite, dritte und vierte Maßnahme gliedern sich in drei horizontale Programme, die alle gemeinschaftlich relevanten wissenschaftlich-technologischen Forschungsaktivitäten abdecken.

Die vertikalen Programme sind dann jeweils nochmals in Leitaktionen, Generische Aktivitäten, Infrastrukturmaßnahmen und Begleitmaßnahmen differenziert. Die Leitaktionen sind eine der wichtigsten Neuerungen im 5. FRP mit dem Ziel, den Blick auf eine Reihe genau definierter sozioökonomischer Problemkreise zu richten und für die Lösung dieser Probleme die Ressourcen und Kompetenzen aller Disziplinen, aller Technologien und aller betroffenen Akteure zu bündeln, zu konzentrieren und zu fokussieren.

Die horizontalen Programme koordinieren und begleiten einerseits die Aktivitäten der thematischen Programme und übernehmen aber auch andererseits eigene Aufgaben, die von den thematischen Programmen nicht erfüllt werden können.[13]

Die thematische Grundstruktur des 5. FRP setzt sich grafisch aufbereitet wie folgt zusammen:

---

[12] Läufer, Thomas: Vertrag von Nizza, Artikel 164 EGV, S. 144 und Bundesministerium für Bildung und Forschung (Hrsg.): Das 5. Europäische Forschungsrahmenprogramm, S. 7 und Artikel 1 des Beschlusses zum 5. FRP, Abl. 1999/L 26/01, S. 4

[13] Bundesministerium für Bildung und Forschung (Hrsg.): Das 5. Europäische Forschungsrahmenprogramm, S. 7 – 9 und Europäische Kommission (Hrsg.): Das Fünfte Rahmenprogramm, S. 6

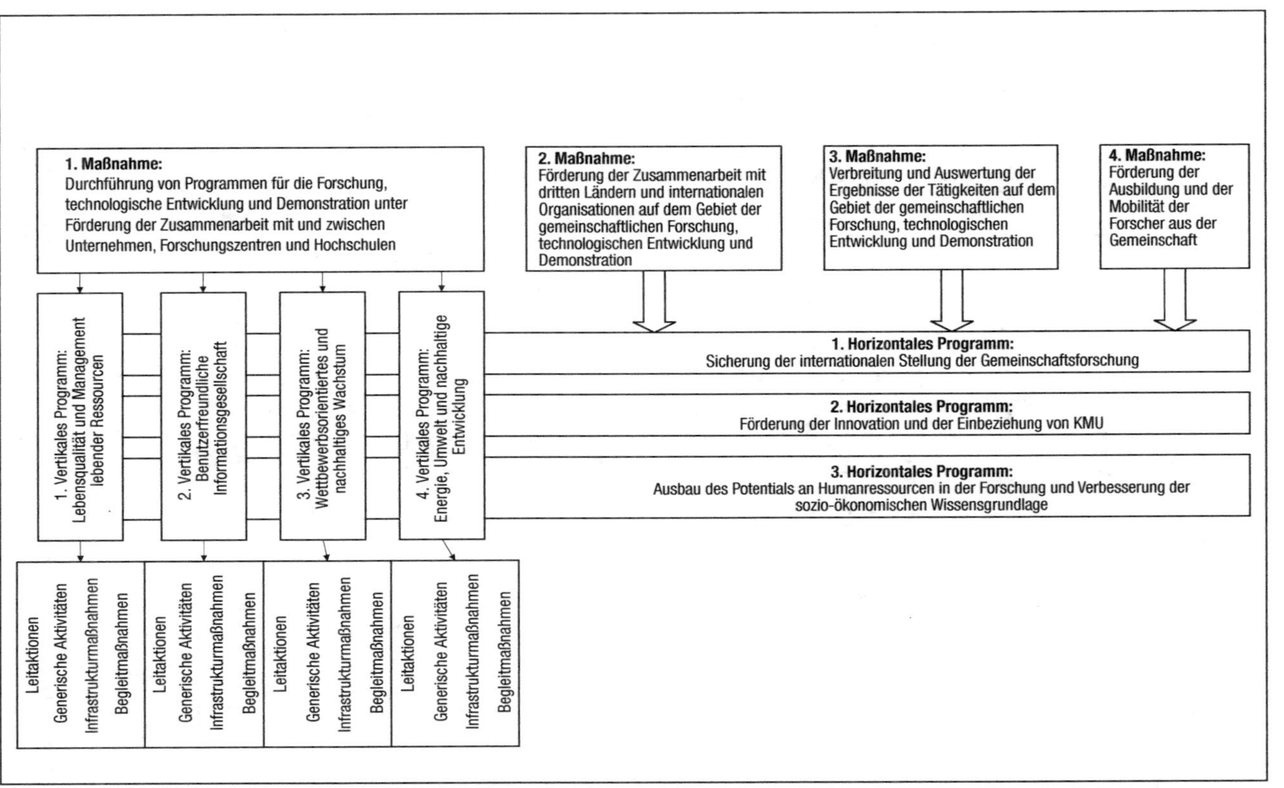

Abbildung 1

Quelle: eigene Darstellung

Das 5. FRP ist mit einem Haushalt von 14,96 Mrd. Euro ausgestattet.[14]

1.4.1 Aufbau europäischer Forschungsprojekte im 5. Forschungsrahmenprogramm

Im 5. FRP gibt es hauptsächlich zwei Arten von Vertragspartnern:

• Hauptvertragspartner (principal contractor) – i.d.R. der Projektkoordinator,
• Nebenvertragspartner (assistant contractor) – alle weiteren Projektpartner.

Diese Unterscheidung ist vor allem für den Zugang und die Nutzung der im Projekt entstandenen FuE-Ergebnisse von Bedeutung.[15]
Die Europäische Kommission gestaltet im 5. FRP die Beziehung von sich zu den Projektkonsortien so, dass der Vertrag nicht nur vom Hauptvertragspartner, sondern auch von allen Nebenvertragspartnern unterzeichnet werden muss:[16]

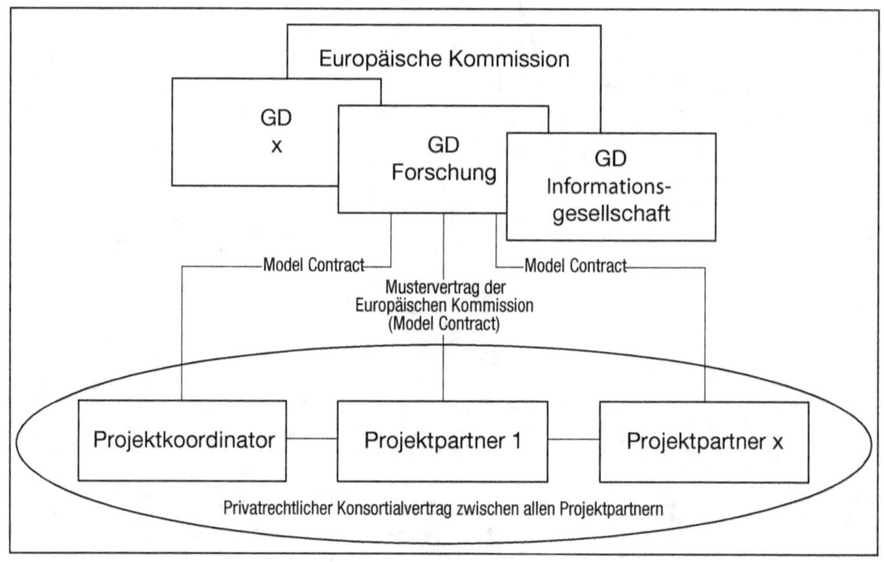

Abbildung 2
Quelle: eigene Darstellung

---

[14] Bundesministerium für Bildung und Forschung (Hrsg.): Das 5. Europäische Forschungsrahmenprogramm, S. 7 und Europäische Kommission (Hrsg.): Das Fünfte Rahmenprogramm, S. 6
[15] McCarthy Sean: How to negotiate, administer, manage and finish an EU R&D contract, S. 21–22
[16] Europäischer Rechnungshof: Sonderbericht über die Verwaltung indirekter FTE-Aktionen des 5. RP, S. 8

Im 5. FRP stehen der Projektkoordinator und alle weiteren beteiligten Projektpartner in dem gleichen Vertragsverhältnis zur Europäischen Kommission, die jeweils von den entsprechenden Generaldirektionen (GD) vertreten wird. An der Abwicklung von Forschungsprojekten im 5. FRP sind fünf GD beteiligt gewesen. Im Einzelnen waren dies die Generaldirektion Forschung, Informationsgesellschaft, Energie und Verkehr (GD TREN), Unternehmen und Fischerei.[17]

Der Projektkoordinator ist allerdings auch im 5. FRP in allen Fragen der Projekt- und Vertragsgestaltung Hauptansprechpartner für die jeweils zuständige GD gewesen.[18] Er vertrat die Projektpartner gegenüber der Kommission und übernahm die Koordinierung aller Pflichten des Konsortiums gegenüber der Kommission, insbesondere der Berichtspflicht und der Pflicht zur Einreichung der Projektkostenabrechnungen.

1.4.2 Die Förderinstrumente des 5. Forschungsrahmenprogramms

Grundsätzlich wird im 5. FRP zwischen direkten und indirekten FTE-Aktionen unterschieden.

Direkte FTE-Aktionen spielen eher eine untergeordnete Rolle in der europäischen Forschungslandschaft des 5. FRP. Gemeint sind damit von der Gemeinsamen Forschungsstelle direkt unterstützte Forschungstätigkeiten mit institutionellem Charakter.[19]

Zu den indirekten FTE-Aktionen, die das hauptsächliche Instrument zur Durchführung des 5. FRP darstellen, zählen wiederum:

- Aktionen auf Kostenteilungsbasis,
- Ausbildungsstipendien,
- Unterstützung von Netzen,
- Konzertierte Aktionen,
- Begleitmaßnahmen.

Die Aktionen auf Kostenteilungsbasis sind ihrerseits wieder das wichtigste Umsetzungsinstrument der indirekten FTE-Aktionen des 5. FRP gewesen. Sie werden unterteilt in:

- FTE-Projekte,
- Demonstrationsmaßnahmen,

---

[17] Europäischer Rechnungshof: Sonderbericht über die Verwaltung indirekter FTE-Aktionen des 5. RP, S. 4

[18] Bundesministerium für Bildung und Forschung (Hrsg.): Das 5. Europäische Forschungsrahmenprogramm, S. 88

[19] Nr. 2 des Anhang IV des Beschlusses zum 5. FRP, Abl. 1999/L 26/01, S. 30

- Unterstützungsmaßnahmen für den Zugang zu Forschungsinfrastrukturen,
- Spezielle Maßnahmen zur Förderung von KMU.

Die EU beteiligt sich mit wechselnden prozentualen Anteilen an den jeweiligen Förderinstrumenten, wobei der Finanzierungsbeitrag der EU von 35 % bis zu 100 % der erstattungsfähigen Gesamtkosten reichen kann.[20]

1.4.3 Das Abrechnungssystem des 5. Forschungsrahmenprogramms

Die Erstattungsfähigkeit der projektspezifischen Kosten ist im 5. FRP anhand von Kostenkategorien definiert worden. Danach sind im 5. FRP folgende Kosten und Ausgaben erstattungsfähig:

- Personal,
- langlebige Güter,
- Verbrauchsgüter,
- Reise und Aufenthalt,
- Informatik,
- Unteraufträge,
- Schutz der Kenntnisse und Nachweis des Nutzungspotenzials der Kenntnisse,
- sonstige spezielle Kosten,
- Gemeinkosten.[21]

Als Kostenerstattungssystem kann im 5. FRP grundsätzlich zwischen drei verschiedenen Modellen gewählt werden:

- **Zusatzkostenmodell (AC – Additional Cost system)**, bei dem die zusätzlich zu den laufenden Betriebskosten entstehenden Kosten zu 100 % erstattet werden,
- **Vollkostenmodell (FC – Full Cost system)**, bei dem die erstattungsfähigen Gesamtkosten zu 50 % erstattet werden,
- **Vollkostenmodell mit Gemeinkostenpauschale (FF – Full Cost Flat rate system)**, bei dem die erstattungsfähigen direkten Gesamtkosten zu 50 % erstattet werden zzgl. einer Pauschale für indirekte Kosten in Höhe von 80 % der erstattungsfähigen Personalkosten.

Ferner ist im 5. FRP die Anwendung weiterer Zusatzkostenmodelle je nach Maßnahmentyp vorgesehen.[22]

---

[20] Nr. 1 und Nr. 3 des Anhang IV des Beschlusses zum 5. FRP, Abl. 1999/L 26/01, S. 29–31 und Bundesministerium für Bildung und Forschung (Hrsg.): Das 5. Europäische Forschungsrahmenprogramm, S. 14–15

[21] Artikel 12 Abs. 1 der Beteiligungsregeln zum 5. FRP, Abl. 1999/L 122/09, S. 13

[22] Europäischer Rechnungshof: Sonderbericht über die Verwaltung indirekter FTE-Aktionen des

1.5   Das 6. Forschungsrahmenprogramm

Das 6. FRP, das im Dezember 2002 begann, verfolgt vor allem das Ziel, den Europäischen Forschungsraum zu verwirklichen. Dabei wird der Aspekt der Wettbewerbsfähigkeit Europas besonders stark betont. Der damalige Forschungskommissar Philipe Busquin sah in der Fraktionierung der europäischen Forschungslandschaft eine der Hauptursachen für die deutliche technologische Diskrepanz zwischen der EU einerseits und ihren Hauptkonkurrenten USA und Japan andererseits. Das ist auch der Grund dafür, dass das 6. FRP eher anwendungsbezogen als auf die Förderung der Grundlagenforschung ausgerichtet ist.

Die vier Maßnahmen des Artikel 164 EGV werden im 6. FRP in folgenden drei Kapiteln durchgeführt:

- **1. Kapitel:**
  Bündelung und Integration der Forschung der Europäischen Gemeinschaft,
- **2. Kapitel:**
  Ausgestaltung des Europäischen Forschungsraums,
- **3. Kapitel:**
  Stärkung der Grundpfeiler des Europäischen Forschungsraums.[23]

Das **1. Kapitel** untergliedert sich seinerseits weiter in acht thematische Prioritäten:

- **1. Priorität:**
  Biowissenschaften, Genomik und Biotechnologie im Dienste der Gesundheit,
- **2. Priorität:**
  Technologien für die Informationsgesellschaft,
- **3. Priorität:**
  Nanotechnologien und -wissenschaften, wissensbasierte multifunktionale Werkstoffe sowie neue Produktionsverfahren und -anlagen,
- **4. Priorität:**
  Luft- und Raumfahrt,
- **5. Priorität:**
  Lebensmittelqualität und -sicherheit,
- **6. Priorität:**
  Nachhaltige Entwicklung, globale Veränderungen und Ökosysteme,
- **7. Priorität:**
  Bürger und Staat in der Wissensgesellschaft,

---

5. RP, S. 9
[23] Anhang I des Beschlusses zum 6. FRP, Abl. 2002/L 232/01, S. 4

* **8. Priorität:**
  Spezielle Maßnahmen auf einem breiteren Feld der Forschung.[24]

Das **2. Kapitel** setzt sich aus den folgenden Schwerpunkten zusammen:
* Forschung und Innovation,
* Humanressourcen und Mobilität,
* Forschungsinfrastrukturen,
* Wissenschaft und Gesellschaft.[25]

Die Stärkung der Grundpfeiler des Europäischen Forschungsraumes im Rahmen des **3. Kapitels** erfolgt durch:

* Koordinierung der Forschungstätigkeiten und
* kohärente Entwicklung der Forschungs- und Innovationspolitik.[26]

Die thematische Struktur des 6. FRP sieht in einer Grafik zusammengefasst folgendermaßen aus (siehe Abb. 3):

Das Gesamtbudget des 6. FRP beläuft sich auf 17,5 Mrd. Euro.[27] Zu diesem Budget werden die Beiträge der sogenannten assoziierten Staaten hinzugerechnet, die, ohne EU-Mitgliedstaaten zu sein, durch spezielle Assoziierungsabkommen mit der EU zu den gleichen Bedingungen wie EU-Mitgliedstaaten an den FRP teilnehmen können.[28] Insofern steht für das 6. FRP ein Gesamtbudget von ca. 20 Mrd. Euro zur Verfügung.
Unabhängig davon, dass auch im 6. FRP die Fokussierung und thematische Bündelung sämtlicher Forschungsthemen auf europäische Forschungsschwerpunkte weiter vorangetrieben wurde, ist das 6. FRP darüber hinaus hauptsächlich durch grundlegende Änderungen administrativer Abwicklungskriterien gekennzeichnet.

---

[24] Nr. 1 des Anhang I des Beschlusses zum 6. FRP, Abl. 2002/L 232/01, S. 5
[25] Nr. 2 des Anhang I des Beschlusses zum 6. FRP, Abl. 2002/L 232/01, S. 6
[26] Anhang II des Beschlusses zum 6. FRP, Abl. 2002/L 232/01, S. 27
[27] Bundesministerium für Bildung und Forschung (Hrsg.): Das 6. Forschungsrahmenprogramm, S. 7 und S. 11
[28] Anmerkung der Verfasserin: Assoziierte Staaten sind im 6. FRP die Schweiz, Israel, Island, Liechtenstein und Norwegen.

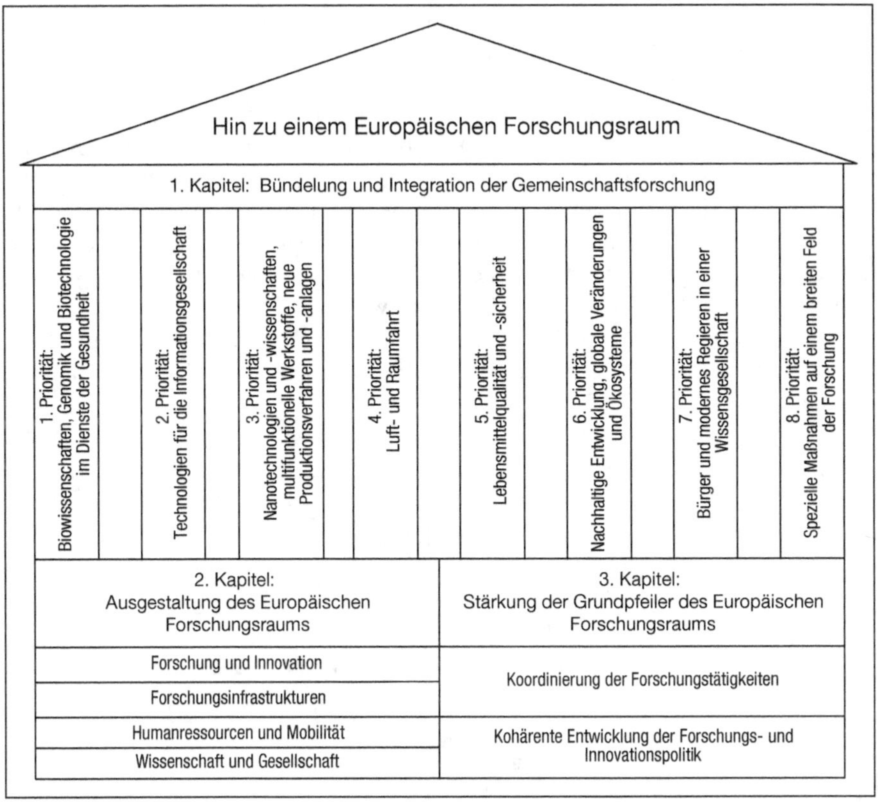

Hin zu einem Europäischen Forschungsraum

1. Kapitel: Bündelung und Integration der Gemeinschaftsforschung

1. Priorität: Biowissenschaften, Genomik und Biotechnologie im Dienste der Gesundheit

2. Priorität: Technologien für die Informationsgesellschaft

3. Priorität: Nanotechnologien und -wissenschaften, multifunktionelle Werkstoffe, neue Produktionsverfahren und -anlagen

4. Priorität: Luft- und Raumfahrt

5. Priorität: Lebensmittelqualität und -sicherheit

6. Priorität: Nachhaltige Entwicklung, globale Veränderungen und Ökosysteme

7. Priorität: Bürger und modernes Regieren in einer Wissensgesellschaft

8. Priorität: Spezielle Maßnahmen auf einem breiten Feld der Forschung

2. Kapitel: Ausgestaltung des Europäischen Forschungsraums

3. Kapitel: Stärkung der Grundpfeiler des Europäischen Forschungsraums

Forschung und Innovation

Forschungsinfrastrukturen

Koordinierung der Forschungstätigkeiten

Humanressourcen und Mobilität

Wissenschaft und Gesellschaft

Kohärente Entwicklung der Forschungs- und Innovationspolitik

Abbildung 3
Quelle: eigene Darstellung in Anlehnung an: Bundesamt für Bildung und Wissenschaft der Schweiz/Euresearch (Hrsg.): Das 6. Rahmenprogramm für Forschung und Entwicklung der Europäischen Union 2002–2006, S. 6

Beispiele für administrative Veränderungen sind, dass der Konsortialführer grundsätzlich stellvertretend für das Konsortium den Mustervertrag mit der Europäischen Kommission abschließt und dass es bei den Zahlungsmodalitäten keine Kostenkategorien mehr gibt, sondern eine Bestätigung der Richtigkeit und der Rechtmäßigkeit der Kosten über nationale Auditzertifikate erfolgt.[29] Diese administrativen Neuerungen sind u.a. vom Europäischen Rechnungshof in seinem Sonderbericht über die Verwaltung indirekter FTE-Aktionen des 5. FRP angeregt worden und sie sollen der Entbürokratisierung und Verwaltungsvereinfachung dienen.[30]

---

[29] Artikel 12 Abs. 2 Satz 2 und Artikel 14 Absatz 1 Satz 2 der Beteiligungsregeln zum 6. FRP, Abl. 2002/L 355/23, S. 29–30

[30] Bundesministerium für Bildung und Forschung (Hrsg.): Das 6. Forschungsrahmenprogramm, S. 109 und S. 111

1.5.1 Aufbau europäischer Forschungsprojekte im 6. Forschungsrahmenprogramm

Im 6. FRP ist zunächst die Unterscheidung in Haupt- und Nebenvertragspartner aus dem 5. FRP aufgehoben worden. Die Europäische Kommission wollte damit die Hierarchie der Projektpartner auflösen und eine Gleichordnung im Projektkonsortium erreichen. Außerdem wurde die Verwaltung und Handhabung der Projektergebnisse, dem geistigen Eigentum (IPR – Intellectual Property Rights), in die Hände des Konsortiums gegeben, so dass die traditionelle Unterscheidung in Haupt- und Nebenvertragspartner nicht mehr erforderlich war.

Im 6. FRP hat sich der offizielle Aufbau der Beziehung zwischen der Europäischen Kommission und dem Projektkonsortium gegenüber dem 5. FRP folgendermaßen geändert:[31]

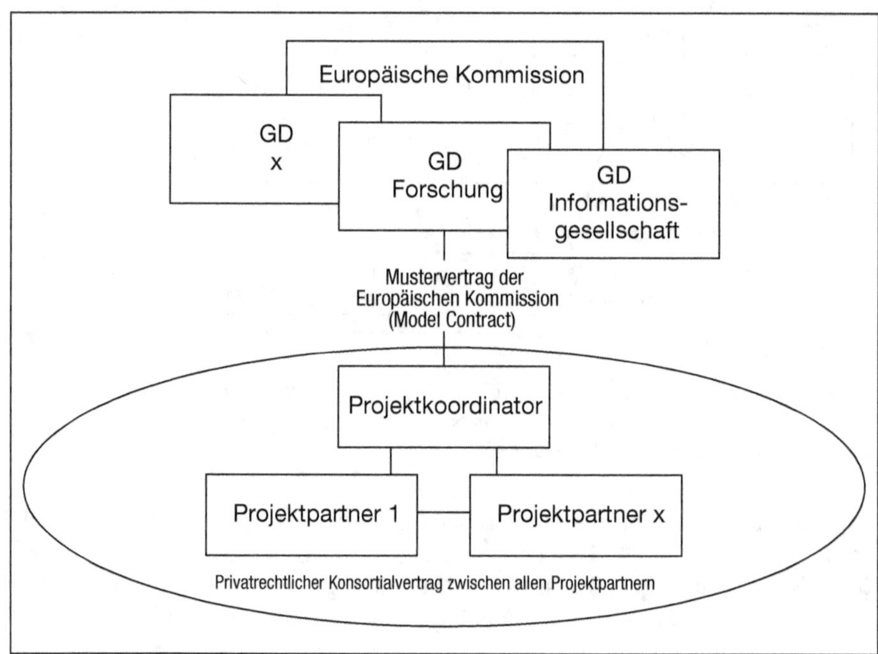

Abbildung 4
Quelle: eigene Darstellung

---

[31]   Bundesministerium für Bildung und Forschung (Hrsg.): Das 6. Forschungsrahmenprogramm, S. 109

Die Europäische Kommission hat im 6. FRP zwischen die sie vertretenden GD und das Projektkonsortium eine weitere Ebene eingezogen. Die Projektkoordinatoren sind nun mit weitergehenden Befugnissen ausgestattet worden und die Europäische Kommission hat Verantwortung von den GD auf die Projektkonsortien delegiert, wo sie vom Projektkoordinator wahrgenommen wird. Die besondere und herausgehobene Rolle der Projektkoordinatoren ist mit der Etablierung dieser weiteren Ebene somit offiziell anerkannt worden, wie es auch im Sonderbericht über die Verwaltung indirekter FTE-Aktionen des 5. FRP vom Europäischen Rechnungshof gefordert wurde.[32]

1.5.2 Die Förderinstrumente des 6. Forschungsrahmenprogramms

Im 6. FRP sind die Förderinstrumente etwas umstrukturiert worden. Mit dem Beschluss des 6. FRP sind nicht nur neue administrative Abwicklungskriterien in Kraft getreten, sondern es sind gleichzeitig zwei neue Förderinstrumente, die Integrierten Projekte und die Exzellenznetze, eingeführt worden.[33]

Im Wesentlichen finden folgende Förderinstrumente im Rahmen des 6. FRP Anwendung:

- Exzellenznetze (NoE – Networks of Excellence),
- Integrierte Projekte (IP – Integrated Projects),
- Spezifische gezielte Forschungsprojekte (STREPS – Specific Targeted Research Projects),
- Maßnahmen zur gezielten Unterstützung (SSAs – Specific Support Actions),
- Koordinierungsmaßnahmen (CAs – Coordinated Actions),
- KMU-spezifische Forschungsprojekte,
- Maßnahmen zur Förderung und Entwicklung der Humanressourcen und der Mobilität,
- Integrierte Infrastrukturinitiativen,
- Beteiligung der Gemeinschaft an Programmen mehrerer Mitgliedstaaten nach Artikel 169 EGV.

Die folgende Übersicht zeigt, welche Instrumente des 5. FRP in welcher Form im 6. FRP fortgeführt wurden und somit als traditionelle Förderinstrumente angesehen werden können:

---

[32] Europäischer Rechnungshof: Sonderbericht über die Verwaltung indirekter FTE-Aktionen des 5. RP, S. 32

[33] Bundesministerium für Bildung und Forschung (Hrsg.): Das 6. Forschungsrahmenprogramm, S. 98–102

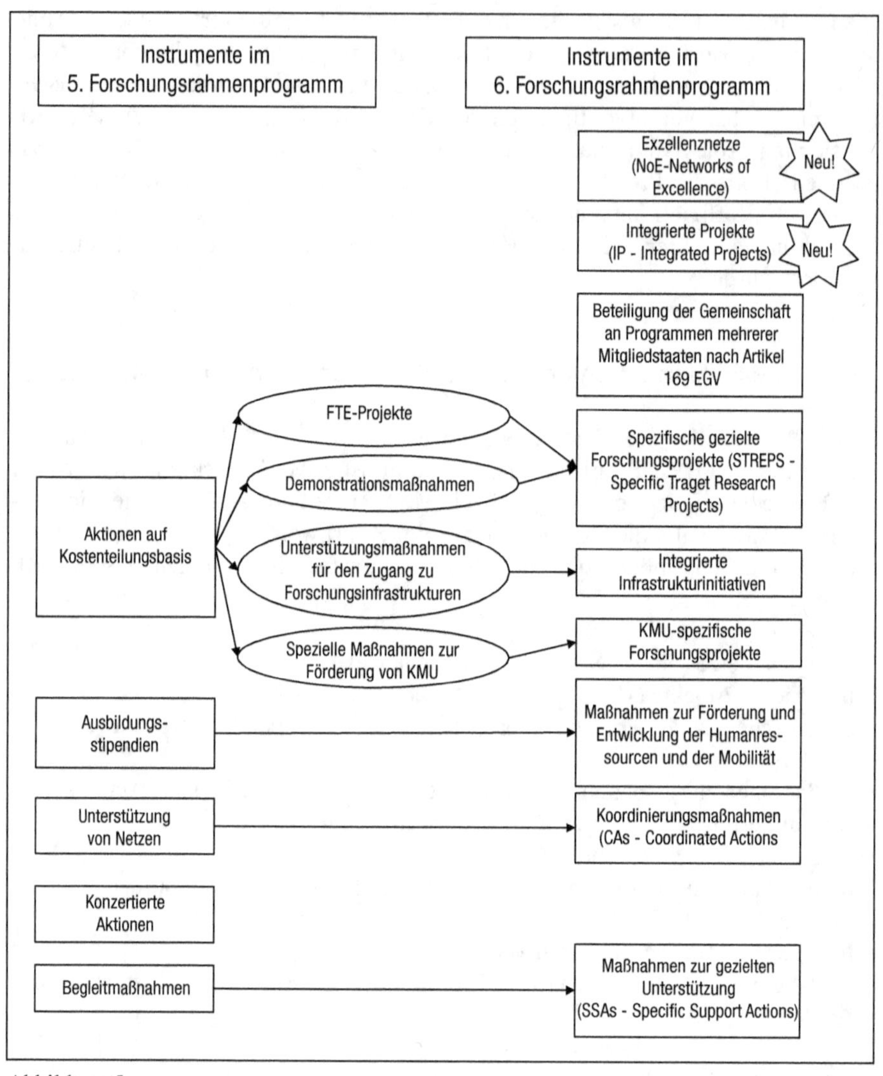

Abbildung 5
Quelle: eigene Darstellung

1.5.3   Das Abrechnungssystem des 6. Forschungsrahmenprogramms

Im 6. FRP gibt es keine Kostenkategorien mehr, anhand derer die Erstattungsfähigkeit der einzelnen Kosten festgemacht werden kann. Die Erstattungsfähigkeit der entstandenen Kosten hängt nun vielmehr von der Erfüllung von vier Bedingungen ab:

- tatsächliche Tätigung der Ausgaben, Wirtschaftlichkeit und Erforderlichkeit für die indirekte Maßnahme,
- Bestimmung und Ausweisung im Einklang mit den üblichen Rechnungsführungsgrundsätzen der einzelnen Teilnehmer,
- Entstehung der Kosten während der Laufzeit des Projektes, wobei Ausnahmen vertraglich ausgehandelt werden können,
- keine Abrechnung von nicht erstattungsfähigen Kosten (indirekte Steuern oder Abgaben, Zinsen, Gewinne etc.).

Im 6. FRP gibt es also keine festgelegten Kostenkategorien, aber dafür eine Reihe fest definierter nicht erstattungsfähiger Kosten.[34]

Die Kostenerstattungssysteme des 6. FRP entsprechen grundsätzlich den bereits im 5. FRP etablierten drei Hauptkostenmodellen:

- **Vollkostenmodell mit tatsächlichen indirekten Kosten (FC):**
  alle erstattungsfähigen direkten und indirekten Kosten werden von den Vertragspartnern abgerechnet,

- **Vollkostenmodell mit Pauschale für indirekte Kosten (FCF):**
  alle erstattungsfähigen direkten Kosten sowie eine Pauschale für indirekte Kosten werden abgerechnet (Pauschale beträgt 20 % aller direkten erstattungsfähigen Kosten ohne Untervertragskosten),

- **Zusatzkostenmodell mit Pauschale für indirekte Kosten (AC):**
  alle erstattungsfähigen direkten zusätzlichen Kosten sowie eine Pauschale für indirekte Kosten werden abgerechnet (Pauschale beträgt 20 % aller direkten Zusatzkosten ohne Untervertragskosten).[35]

Die Wahl des Kostenmodells ist immer von der Art der betreffenden Rechtsperson abhängig.

Eine wichtige Änderung zwischen dem 5. FRP und dem 6. FRP gibt es im Hinblick auf die Finanzierung der Projekte. Bei der Forschungsförderung durch anteilige Zuwendungen wird zwischen einem Zuschuss zum Budget und einem Zuschuss zur Integration unterschieden. Seltener ist die Pauschale der Kostenerstattung. Eine Sonderrolle nehmen die Beschaffungsverträge i.S.d. öffentlichen Auftragswesens

---

[34] Bundesministerium für Bildung und Forschung (Hrsg.): Das 6. Forschungsrahmenprogramm, S. 111 und Helmholtzgemeinschaft Deutscher Forschungszentren e.V. (Hrsg.): Leitfaden zur Finanzierung indirekter Maßnahmen des 6. FRP, S. 26–27

[35] Helmholtzgemeinschaft Deutscher Forschungszentren e.V. (Hrsg.): Leitfaden zur Finanzierung indirekter Maßnahmen des 6. FRP, S. 7

ein, die im Rahmen dieser Arbeit nicht weiter untersucht werden. Die prozentuale Beteiligung der Gemeinschaft liegt je nach Förderinstrument zwischen 25 % und 100 % als Zuschuss zum Budget oder als Zuschuss zur Integration.[36]

Die folgende Darstellung verdeutlicht die Formen des finanziellen Beitrages der Gemeinschaft im 6. FRP:

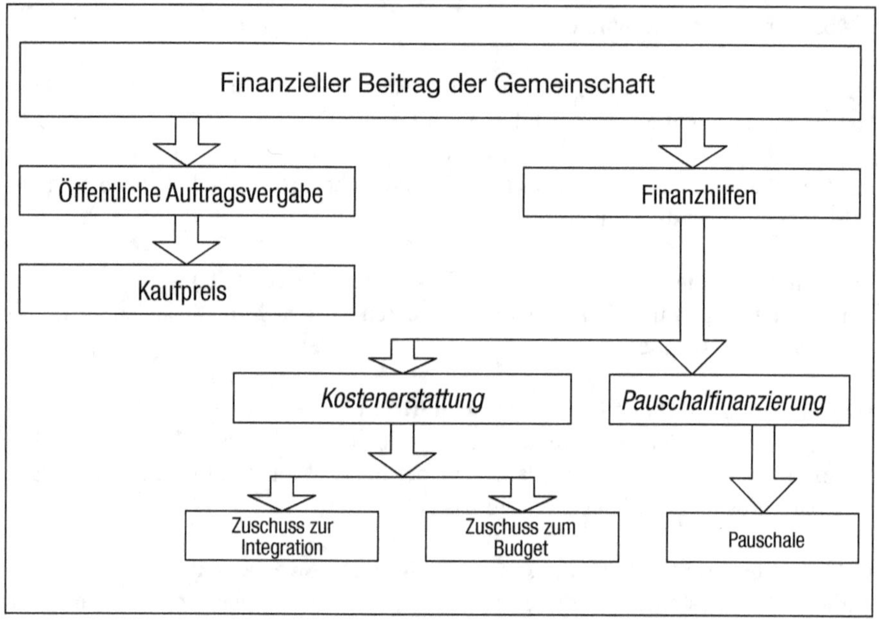

Abbildung 6
Quelle: eigene Darstellung in Anlehnung an: Helmholtzgemeinschaft Deutscher Forschungszentren e.V. (Hrsg.): Leitfaden zur Finanzierung indirekter Maßnahmen des 6. FRP, S. 24

1.6 Das Prinzip der Musterverträge für Verträge im Rahmen europäischer Forschungsrahmenprogramme

Es gibt zwei grundlegende Vertragskonstellationen innerhalb europäischer FRP. Zunächst schließt das Projektkonsortium mit der Europäischen Kommission, diese vertreten durch die jeweils zuständige GD, einen Fördervertrag ab. Die zweite

---

[36] Anhang III des Beschlusses zum 6. FRP, Abl. 2002/L 232/01, S. 28–33 und Bundesministerium für Bildung und Forschung (Hrsg.): Das 6. Forschungsrahmenprogramm, S. 10 und S. 110 und Helmholtzgemeinschaft Deutscher Forschungszentren e.V. (Hrsg.): Leitfaden zur Finanzierung indirekter Maßnahmen des 6. FRP, S. 21–25

vertragliche Beziehung besteht jeweils zwischen den Partnern eines FuE-Projektes selbst mit dem sogenannten Konsortialvertrag.

Mustervertrag der Europäischen Kommission (Model Contract):
Der Fördervertrag zwischen Kommission und Konsortium heißt in der europäischen Terminologie Mustervertrag (Model Contract). Diese Modellverträge werden von der Kommission bei der Vorbereitung eines FRP mit erstellt, um die Ausarbeitung der Verträge nach der Entscheidung für spezifische Förderprojekte zu erleichtern.[37] Die Kommission will durch die Anwendung gleicher Vertragsklauseln für alle Projektteilnehmer sämtlicher europäischer Forschungsprojekte Rechtssicherheit schaffen und die Gleichbehandlung jedes Projektbeteiligten sicherstellen. Der Mustervertrag ist inhaltlich zwischen Kommission, Rat und Parlament abgestimmt und unterliegt in seinem Regelungsgehalt nicht der Dispositionsfreiheit der Vertragsparteien. Die nötige Flexibilität des Mustervertrages für alle eventuell auftretenden Projektspezifika muss dabei aber immer gegeben sein und wird über die Ergänzung des Mustervertrages durch „special clauses" gewährleistet. Der Mustervertrag wird also in der Anwendung dann für jedes Projekt individualisiert und in geringem Umfang, soweit zulässig, angepasst.

Konsortialvertrag:
Auch für den Konsortialvertrag stellt die Kommission teilweise Muster für spezielle Projektkonsortien zur Verfügung. Darüber hinaus ist für einige Projektkonsortien der Abschluss eines Konsortialvertrages von der Kommission als Fördervoraussetzung zwingend vorgegeben. Mit dem Konsortialvertrag sollen hauptsächlich die interne Organisation des Konsortiums geregelt, Vereinbarungen über den Umgang mit den Rechten des geistigen Eigentums getroffen und ein Prozedere zur Beilegung interner Streitfälle festgelegt werden.[38] Der Konsortialvertrag darf dabei selbstverständlich nicht den Regelungen des Fördervertrages zwischen der Kommission und dem Konsortium widersprechen.[39]

1.7 Untersuchungsgegenstand und wissenschaftliche Vorgehensweise dieser Masterarbeit

1.7.1 Schlussfolgerungen aus der Einführung in das Thema

Die offizielle Übertragung von Verantwortung von den GD auf die Projektkonsortien birgt neben allen Vorteilen auch erhebliches Konfliktpotential. Der

---

[37] Artikel 12 Abs. 1 Satz 3 der Beteiligungsregeln zum 6. FRP, Abl. 2002/L 355/23, S. 29

[38] Artikel 12 Abs. 5 der Beteiligungsregeln zum 6. FRP, Abl. 2002/L 355/23, S. 29

[39] McCarthy Sean: How to negotiate, administer, manage and finish an EU R&D contract, S. 19

Projektkoordinator muss üblicherweise diese Verantwortung stellvertretend für das Konsortium wahrnehmen. Viele Projektangelegenheiten müssen nun innerhalb des Konsortiums ohne Hinzuziehung der Kommission geregelt werden. Der Projektkoordinator hat aber in den meisten Fällen keine alleinige Entscheidungskompetenz, um in Konfliktsituationen, in denen keine Einigung zwischen den Projektpartnern erzielt werden kann, eine endgültige Handlungsanweisung geben zu können, wie es aber augrund der ihr zustehenden Weisungskompetenz die Kommission tun könnte. Auch die Erfüllung einiger Forderungen der Kommission an das Konsortium ist aufgrund der rechtlich sehr schwachen Stellung der Projektkoordinatoren innerhalb des Konsortiums aus tatsächlichen Gründen teilweise nicht möglich. Problematisch ist darüber hinaus, dass die abschließende Entscheidungskompetenz über die Anerkennung oder Ablehnung von Projektbesonderheiten weiterhin nicht beim Projektkoordinator sondern bei der zuständigen GD liegt, die mit Projektspezifika sehr unterschiedlich umgehen.

1.7.2   Ausgangsthese

Im Hinblick auf das beschriebene Spannungsverhältnis zwischen den GD, den Projektkoordinatoren und den Projektkonsortien sowie in Anbetracht der politischen Dimension europäischer Forschungsrahmenprogramme steht als Ausgangsthese am Anfang dieser Arbeit, dass durch die Änderungen der administrativen Strukturen im 6. FRP nicht die erhoffte erwartete Verwaltungsvereinfachung und Entbürokratisierung und somit keine Steigerung der administrativen Effizienz des 6. FRP erreicht wurde. Verstärkt wird diese These dadurch, dass mit den administrativen Veränderungen im 6. FRP gleichzeitig neue Förderinstrumente wie die Integrierten Projekte und die Exzellenznetze eingeführt wurden. Dadurch wurden Interpretationsspielräume geschaffen, aus denen Auslegungsschwierigkeiten resultieren, da noch keine Erfahrungen im Umgang mit den neuen Förderinstrumenten gesammelt werden konnten.

1.7.3   Methodischer Ansatz

Zur Bearbeitung des Themas dieser Masterarbeit „Administrative Effizienz des 6. FRP" sollen unterschiedliche Quellen herangezogen werden. Als Datenbasis dienen insbesondere bereits vorliegende Studien und Berichte, politische Programme und sonstige Dokumente, die durch Dokumentenanalyse, aufgrund von Internetrecherchen, Auswertung vorhandener Sekundärliteratur und Durchsicht offizieller Erklärungen beschafft wurden. Außerdem wird auf die Auswertung statistischen Datenmaterials zurückgegriffen sowie auf Erfahrungsberichte von Projektkoordinatoren und Bediensteten der Europäischen Kommission eingegangen.

1.7.4 Wissenschaftliche Vorgehensweise

Das **Kapitel 1** gibt eine kurze Einführung in das Thema der europäischen Forschungspolitik und den eng damit zusammenhängenden europäischen FRP. Außerdem wird in diesem Kapitel die Ausgangsfragestellung dieser Masterarbeit formuliert und die wissenschaftliche und methodische Vorgehensweise beschrieben.

Kapitel 2 befasst sich mit einer grundlegenden wissenschaftlichen Effizienzbetrachtung und definiert den für diese Masterarbeit relevanten Effizienzbegriff ausgerichtet auf das Bewertungsobjekt europäischer FRP. Es wird ein Effizienzsystem für europäische FRP entwickelt.

In **Kapitel 3** erfolgt die Definition von Vergleichskriterien und der dazugehörigen Indikatoren, die das Effizienzsystem europäischer FRP vervollständigen.

Die eigentliche Gegenüberstellung des 5. FRP und des 6. FRP wird in **Kapitel 4** in einem Vergleich beider FRP anhand des ausgearbeiteten Effizienzsystems europäischer FRP vorgenommen.

Kapitel 5 ist als Zwischenkapitel vor dem Fazit zum Vergleich eingefügt worden, um den Einfluss von europäischen administrativen Randbedingungen auf die Durchführung europäischer FRP zu beleuchten.

Das Fazit zum Vergleich des 5. FRP mit dem 6. FRP und die Auswertung, ob administrative Effizienzsteigerungen zu beobachten sind, werden im **Kapitel 6** dargelegt. Darüber hinaus enthält das Kapitel einen Ausblick auf das 7. FRP.

Kapitel 7 enthält die Schlussbemerkungen zum Thema auch im Hinblick auf noch offene Fragen zum bearbeiteten Themenkomplex der administrativen Effizienz des 6. FRP und stellt den Bezug zur Ausgangsthese wieder her.

2 Das Effizienzsystem europäischer Forschungs-rahmenprogramme

2.1 Effizienzbetrachtung in den Verwaltungs- und Wirtschaftswissenschaften

Der Begriff der Effizienz wird heute fast inflationär benutzt. Oftmals wird er gleichgesetzt mit dem Begriff der Effektivität. Daher ist zunächst zu klären, was unter dem Begriff Effizienz für die Betrachtungen in dieser Masterarbeit zu verstehen ist.

2.1.1 Der theoretische Effizienzbegriff

Der Effizienzbegriff ist in seiner komplexen Bedeutung und infolge der Komplexität der Bewertungsproblematik bis heute noch unklar und umstritten. Ein Grund ist darin zu suchen, dass gewisse erzielte Wirkungen weder monetär noch in anderer Form erfasst und somit beschreibbar und auswertbar gemacht werden können. Zum anderen hängt die organisatorische Effizienz von so vielfältigen Faktoren ab, die sich gegenseitig beeinflussen und verschiedenste Wechselwirkungen hervorrufen, dass diese unterschiedlichen Faktoren nicht in einer einfachen Formel zur Effizienzbetrachtung zusammengefasst werden können. Letztlich kann es bei einer Effizienzbewertung nur eine Momentaufnahme darüber geben, welche Organisationsstrukturen unter bestimmten Situationsbedingungen in welchem Ausmaß die Zielerreichung fördern oder hemmen.[40]

„...Effizienz kann somit bisher als ,...ein inhaltsleeres Konstrukt' bezeichnet werden, für das keine allgemeingültige, operationelle Definition und Spezifikation existiert."[41]

Trotz dieser Definitionsschwierigkeiten soll nachfolgend der Versuch unternommen werden, eine Begriffsbestimmung von Effizienz als Ausgangspunkt für die vorliegende Masterarbeit festzulegen. Denn eine Effizienzbetrachtung von europäischen Forschungsrahmenprogrammen setzt eine auf das Betrachtungsobjekt ausgerichtete Konkretisierung des Effizienzbegriffes voraus:

Mit dem Begriff der Effizienz im klassischen Sinne wird der Frage nachgegangen, ob die zur Verfügung stehenden Ressourcen möglichst wirtschaftlich eingesetzt worden sind. Eine Effizienzbetrachtung ist eine output-orientierte Input-Output-Kontrolle, die sich nach dem Minimalprinzip richtet. Eine Aufgabe gilt klassisch

---

[40] König, Herbert: Erfahrungsbericht für die Bundesrepublik Deutschland. In: Effizienz im öffentlichen Bereich – ein internationaler Erfahrungsaustausch, S. 29 und Betriebswirtschaftlicher Verlag Dr. Th. Gabler GmbH (Hrsg.): Gabler-Wirtschafts-Lexikon, S. 2518

[41] Benz, Karsten: Effizienz des Controlling, S. 49

als effizient erledigt, wenn sie mit geringem Ressourceneinsatz und niedrigem Kostenaufwand bewältigt werden konnte.[42]

Ein über den klassischen Effizienzbegriff hinausgehender Ansatz erweitert die Input-Output-Analyse um den Aspekt der Wirksamkeit. Danach betrifft Effizienz nicht nur das Verhältnis von Input zu Output im Sinne der Wirtschaftlichkeit, sondern auch das Verhältnis von Output und erzielten Wirkungen. Mit dieser Wirksamkeitsbetrachtung geht zugleich eine Wirksamkeitskontrolle öffentlichen Handelns einher. Dabei wird nicht mehr nur das zahlenmäßig Messbare bewertet, sondern auch die Qualität der Politik. Politische Ziele werden eindeutig in Erklärungen und Programmen deklariert. Die Erreichung dieser Ziele und der Problemlösungseffekt des öffentlichen Handelns sind hierbei das Maß der Dinge.[43]

2.1.2 Effizienzbewertung europäischer Forschungsrahmenprogramme

Auf europäischer Ebene kann sich diese Wirksamkeitskontrolle im Hinblick auf europäische FRP nur auf wirtschafts- und forschungspolitische Aspekte beziehen, denn einführend zu dieser Masterarbeit wurde bereits festgestellt, dass die EU keine Forschungsförderung zum Selbstzweck betreibt, sondern dass die EU mit der Forschungsförderung wirtschafts- und forschungspolitische Ziele verfolgt.

„Wissenschaftliche Forschung, technologische Entwicklung und Innovation bilden das Herzstück der wissensgestützten Wirtschaft, die eine Schlüsselfunktion für das Wachstum, die Wettbewerbsfähigkeit der Unternehmen und die Beschäftigung hat.“[44]

Das offizielle europäische Dokument, welches die wirtschaftspolitischen Ziele der nächsten Jahre und Jahrzehnte festschreibt, ist die von allen Mitgliedstaaten mitgetragene „Lissabon-Strategie für Wachstum und Beschäftigung“. Kurz zusammengefasst besagt das Ziel der Lissabonner Wirtschaftsstrategie, dass die EU bis zum Jahre 2010 zum wettbewerbsfähigsten und dynamischsten wissensbasierten Wirtschaftsraum weltweit werden will.[45] Bei der Erreichung dieses Zieles spielt auch die Forschungsförderung eine große Rolle. Im Rahmen der Lissabon-Strategie soll in Europa eine Informationsgesellschaft zur besseren Nutzung der IKT-Möglichkeiten für alle EU-Bürger etabliert werden, es soll ein Europäischer Forschungsraum entstehen, in dem die Ausgaben für FuE mindestens 3 % des BIP betragen und in dem sichergestellt ist, dass führende Wissenschaftler und die besten Köpfe der Nach-

---

[42] Ganßer, Walter: Statistische Methoden für die Effizienzbeurteilung. In: Verwaltung und Management, Heft 5/2003, S. 249

[43] König, Herbert: Erfahrungsbericht für die Bundesrepublik Deutschland. In: Effizienz im öffentlichen Bereich – ein internationaler Erfahrungsaustausch, S. 29 – 31

[44] Europäische Kommission: Wissenschaft und Technologie: Schlüssel zur Zukunft Europas, S. 2

[45] Hochrangige Sachverständigengruppe unter Vorsitz von Wim Kok: Die Herausforderung annehmen – Die Lissabon-Strategie für Wachstum und Beschäftigung, S. 6

wuchswissenschaftler aufgrund der Attraktivität des Europäischen Forschungsraumes nicht abwandern. Außerdem soll mehr Geld und Bemühen in Bildung und Humankapital investiert werden, um die Etablierung der Informations- und Wissensgesellschaft zu flankieren und zu erleichtern. Zur Verwirklichung dieser Wissensgesellschaft im Rahmen der Lissabon-Strategie muss auch bei der europäischen Forschungsförderung zukünftig die Fokussierung auf wachstumsfördernde Schlüsseltechnologien verstärkt werden.[46]

Das unabhängige Expertengremium unter dem Vorsitz von Joan Majó, welches eine Fünfjahresbewertung der Programme der EU im FuE-Bereich für den Zeitraum von 1995 bis 1999 vorgenommen hat, hob hervor, dass dringender Handlungsbedarf bestehe, um der vorausgesagten Knappheit an Fachkräften im Wissenschaftsbereich entgegenzuwirken.[47] Auch eine im Jahr 2004 durchgeführte Befragung von europäischen Forschungsorganisationen durch die Europäische Kommission ergab, dass ca. 74 % der befragten Forschungsorganisationen das Thema der Attraktivität des Europäischen Forschungsraumes für die besten Wissenschaftler für sehr wichtig halten.[48]

Die gleiche Befragung der europäischen Forschungsorganisationen durch die Europäische Kommission hatte ebenfalls zum Ergebnis, dass nahezu fast alle befragten Einrichtungen die Unterstützung von FuE auf europäischer Ebene für unabdingbar und für eine zwingende Voraussetzung zur Steigerung der Wettbewerbsfähigkeit der europäischen Wirtschaft halten.[49]

Somit sind also Kernpunkte der Verwirklichung der Wissensgesellschaft als ein wichtiges Ziel der Lissabon-Strategie, auf die europäische FRP direkten Einfluss haben, eine höhere Attraktivität des Europäischen Forschungsraumes für die besten und brillantesten Forscher der Welt und eine Stärkung von FuE zu einer absoluten Priorität, um Europas Wettbewerbsfähigkeit zu steigern.

Ausgehend von einem Begriff der Effizienz als Maß für die Zielerreichung, ist zur Konkretisierung das Ziel europäischer Forschungspolitik nochmals zusammenzufassen.[50] Zunächst steht die Erreichung des Lissabonner Wirtschaftsziels, dass Europa zum wettbewerbsfähigsten dynamischsten wissensbasierten Wirtschaftsraum der Welt bis zum Jahr 2010 wird, im Mittelpunkt. Speziell für den Beitrag der europäischen FRP zu diesem globalen Wirtschaftsziel sollen dabei folgende Teilaspekte betrachtet werden:

---

[46] Hochrangige Sachverständigengruppe unter Vorsitz von Wim Kok: Die Herausforderung annehmen – Die Lissabon-Strategie für Wachstum und Beschäftigung, S. 22 und S. 25

[47] Unabhängiges Expertengremium unter dem Vorsitz von Joan Majó: Fünfjahresbewertung der Programme der EU im FuE-Bereich 1995 – 1999, S. 3

[48] European Commission: Analysis of the stakeholder consultation „Science and Technology – the key to Europe's future", S. 7

[49] European Commission: Analysis of the stakeholder consultation „Science and Technology – the key to Europe's future", S. 1

[50] Heyking von, Wolf-Dietrich: Effizienz organisatorischer Maßnahmen und Strukturen, S. 21

- **Ziel 1:** Erhöhung der Attraktivität des europäischen Forschungsraumes
  für Spitzenwissenschaftler,
- **Ziel 2:** Stärkung von FuE zu einer absoluten Priorität.

Darüber hinaus ist noch eine weitere Konkretisierung der Effizienzbetrachtung im Rahmen dieser Masterarbeit vorzunehmen. Die Gesamteffizienz europäischer Forschungsförderung durch FRP ließe sich im Hinblick auf die Erreichung der vorhergehend zusammengefassten Ziele noch recht gut beurteilen. In dieser Masterarbeit geht es aber nicht um eine Effizienzbetrachtung von europäischer Forschung und europäischen FRP im Allgemeinen, sondern um die Effizienzbetrachtung eines Teilsystems im Rahmen europäischer FRP. Es sollen im folgenden die administrativen Abwicklungsmethoden im Rahmen europäischer FRP untersucht werden. Dabei ist es wesentlich schwieriger, auf dieser Subsystemebene Outputwirkungen zu beurteilen.[51]

Es kann also im Rahmen dieser Untersuchung nicht darum gehen, einen allgemeingültigen Effizienzbegriff zu entwickeln, denn der Effizienzbegriff ist immer vom jeweiligen Untersuchungsgegenstand abhängig.[52]

Um eine Effizienzbeurteilung des 5. FRP und des 6. FRP vornehmen zu können, sind zunächst messbare Effizienzmaßstäbe zu entwickeln.[53] Eine Konkretisierung des administrativen Effizienzbegriffes für europäische FRP erfolgt auf Subsystemebene über die Bildung von Effizienzdimensionen und daraus abgeleiteter Kriterien und Indikatoren.[54] Es wird nicht mehr das Gesamtsystem europäischer FRP betrachtet, sondern es sind bereichsspezifische Effizienzmerkmale für das zu betrachtende Subsystem zu definieren, um den zu untersuchenden Bereich individuell und differenziert messen zu können.[55]

---

[51] Benz, Karsten: Effizienz des Controlling, S. 54

[52] Benz, Karsten: Effizienz des Controlling, S. 57

[53] Heyking von, Wolf-Dietrich: Effizienz organisatorischer Maßnahmen und Strukturen, S. 21

[54] Benz, Karsten: Effizienz des Controlling, S. 52

[55] Benz, Karsten: Effizienz des Controlling, S. 55

Zur Erstellung des Effizienzsystems für europäische FRP ist in folgenden Schritten vorzugehen:

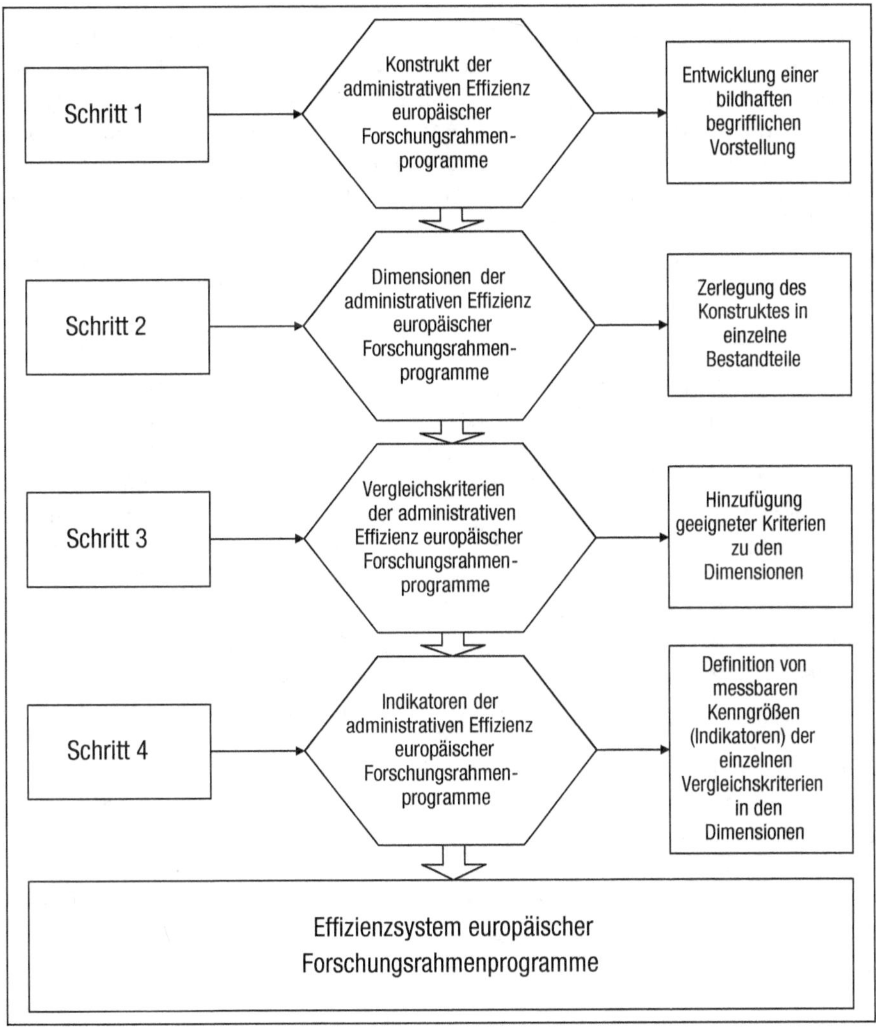

Abbildung 7
Quelle: eigene Darstellung in Anlehnung an: Benz, Karsten: Effizienz des Controlling, S. 58

2.2 Das Konstrukt der administrativen Effizienz europäischer Forschungsrahmenprogramme[56]

Ein europäisches FRP kann mit Blick auf seine administrativen Abläufe und Strukturen im allgemeinen als effizient bezeichnet werden, wenn einfache, unbürokratische, direkte und schnell operierende Verwaltungs- und Managementstrukturen für die Durchführung der Forschungsprojekte etabliert werden konnten. Bei der Umsetzung dieser Strukturen treffen jedoch die Vorstellungen von zwei verschiedenen Interessengruppen aufeinander, die ihrerseits unterschiedliche Anforderungen an die administrative Effizienz europäischer FRP stellen. Zum Teil sind auch durch rechtliche Regelungen gewisse Rahmenbedingungen bereits unveränderbar vorgegeben.

2.2.1 Administrative Effizienz europäischer Forschungsrahmenprogramme aus Sicht der Europäischen Kommission

Die Europäische Kommission ist für die Umsetzung, Durchführung und Überwachung der europäischen FRP zuständig. Das konkrete Projekthandling nehmen dabei die spezifischen GD wahr. Die GD ihrerseits haben ein sehr großes Interesse daran, mit den ihnen jeweils zur Verfügung stehenden personellen und finanziellen Ressourcen so viele qualitativ hochwertige Projekte wie möglich durchführen zu können. Dabei ist eine zwingende Voraussetzung, dass sämtliche Projekte die vorgegebenen politischen Prioritäten der EU erfüllen. Die GD sind also an einfachen und schnellen Verwaltungs- und Managementstrukturen für ihre zu betreuenden Forschungsprojekte interessiert, um möglichst viele Projekte gleichzeitig und mit den verfügbaren Ressourcen abwickeln zu können. Dies geht auch aus dem Grundsatz der Wirtschaftlichkeit des Artikel 27 der EU-Haushaltsordnung hervor, der besagt, dass Haushaltsmittel sparsam, wirtschaftlich und wirksam zu verwenden sind. Der Punkt der Sparsamkeit wird dabei definiert, dass Ressourcen zum richtigen Zeitpunkt, in ausreichender Menge, in angemessener Qualität und mit dem geringstmöglichen Kostenaufwand bereitgestellt werden sollen.[57]

---

[56] Anmerkung der Verfasserin: analoge Vorgehensweise wie bei der Konkretisierung der Controlling-Effizienz in: Benz, Karsten: Effizienz des Controlling, S. 56 ff.

[57] EU-Haushaltsordnung von 2003, Abl. 2002/L 248/01, S. 12

2.2.2 Administrative Effizienz europäischer Forschungsrahmenprogramme aus Sicht der Projektkonsortien

Den Konsortien der Forschungsprojekte ist es wichtig, sich eigenverantwortlich ohne störende äußere Einflüsse zusammenfinden und das Projekt mit wenig Verwaltungsaufwand managen zu können. Der entstehende Verwaltungsaufwand wird zwar von der EU vergütet, aber teilweise reichen die zur Verfügung gestellten Sätze nicht zur Deckung des tatsächlich anfallenden Verwaltungsaufwandes aus. Hinzu kommt, dass bürokratische Klippen den Projektfortgang hemmen und die erfolgreiche Projektdurchführung unter Umständen gefährden können. So ist es z.B. für alle beteiligten Projektpartner enorm wichtig, dass schnellstmöglich zu Beginn eines neuen Projektes Rechtssicherheit durch entsprechende Vertragsabschlüsse hergestellt wird. Dies ist zwingende Voraussetzung, um unter anderem die benötigten Projektmitarbeiter akquirieren zu können. Weiterhin ist für alle Projektpartner ein zuverlässiger, schneller und einfach zu praktizierender Zahlungsverkehr von großer Bedeutung, denn ohne das kassenmäßige Bereitstellen der zugesagten Projektmittel können die eingestellten Projektmitarbeiter nicht bezahlt und andere notwendige Projektausgaben nicht getätigt werden.

In den Sichtweisen der Kommission und der Projektkonsortien zur administrativen Effizienz europäischer FRP sind bereits Unterschiede zu erkennen, die sich allerdings nicht zwangsläufig ausschließen müssen, sondern sich auch durchaus ergänzen können. Die GD wollen beispielsweise ihre verfügbaren Ressourcen maximal nutzen, was bedeutet, das gewisse Aufgaben, die üblicherweise von GD im Rahmen der Abwicklung von Forschungsprojekten wahrgenommen wurden, zur Ressourcenentlastung von den GD auf die Konsortien übertragen werden müssen. Mit der Übernahme neuer Aufgaben wird auch mehr Verantwortung auf das Konsortium übertragen, was wiederum den Projektkonsortien sehr entgegenkommt, die dann mehr Eigenverantwortung in der Projektabwicklung wahrnehmen können. Diese Vorgehensweise der stärkeren Weiterdelegierung von Verantwortung wird auch in der Fünfjahresbewertung der Programme der EU im FuE-Bereich von dem unabhängigen Expertengremium unter Vorsitz von Joan Majó als notwendig bezeichnet.[58]
Wichtige, die administrative Effizienz europäischer FRP betreffende Punkte für alle an europäischen Forschungsprojekten beteiligte Partner sind somit:

- optimale Nutzung der personellen und finanziellen Ressourcen in den GD durch einfache Projektstrukturen und Verantwortungsübertragung,
- Reduzierung des Prüfaufwandes für Berichte, Kostennachweise etc. in den GD,

---

[58] Unabhängiges Expertengremium unter dem Vorsitz von Joan Majó: Fünfjahresbewertung der Programme der EU im FuE-Bereich 1995–1999, S. 17

- Stärkung der Verantwortung der Projektkonsortien,
- direkte und schnelle Verwaltungsabläufe zum Vertragsabschluss und zur Abwicklung des Zahlungsverkehrs,
- kein unnötiger Mehraufwand zum Nachweis der verausgabten Mittel durch die Akzeptanz vorhandener und etablierter Kostenrechnungssysteme, etc.

2.3 Die Dimensionen der administrativen Effizienz europäischer Forschungsrahmenprogramme[59]

Aus der gerade beschriebenen bildhaften und begrifflichen Darstellung des Konstruktes der administrativen Effizienz europäischer FRP sollen nun in einem nächsten Schritt Effizienzdimensionen abgeleitet werden. Effizienzdimensionen müssen im Rahmen der Organisation beeinflussbar, voneinander abgrenzbar und operationalisierbar sein. Sie müssen eine Messung in abstufbaren Merkmalen zulassen und das Konstrukt der Effizienz europäischer FRP in seiner Gesamtheit repräsentieren.[60]

2.3.1 Dauer

Entscheidend für die administrative Effizienz europäischer FRP ist zunächst eine zeitliche Komponente, die als erste Effizienzdimension mit dem Begriff Dauer umschrieben werden kann. Je schneller Verwaltungsabläufe abgewickelt werden können, umso vorteilhafter ist es für alle an dem Verwaltungsverfahren Beteiligte.

2.3.2 Umfang

Weiterhin ist eine mengenmäßige Erfassung der Verwaltungsanforderungen mit der Effizienzdimension Umfang sehr sinnvoll, denn von der Anzahl der Verwaltungsanforderungen hängt in großem Maße auch die schnelle Abwicklung eines Verwaltungsvorganges ab.

2.3.3 Verantwortlichkeiten

Darüber hinaus ist auch die Betrachtung der Verteilung von Verantwortlichkeiten wichtig, um auf diese Weise erkennen zu können, wer wozu verpflichtet ist und so Veränderungen bewirken kann.

---

[59] Anmerkung der Verfasserin: analoge Vorgehensweise wie bei der Konkretisierung der Controlling-Effizienz in: Benz, Karsten: Effizienz des Controlling, S. 56 ff.
[60] Benz, Karsten: Effizienz des Controlling, S. 59

2.3.4   Aufwand

Abschließend ist ebenfalls die Effizienzdimension zur Erfassung des durch die geforderten Verwaltungsabläufe verursachten Aufwandes ausschlaggebend. Je weniger Aufwand entsteht, umso optimaler können vorhandene personelle und finanzielle Ressourcen genutzt werden.

Effizienzdimensionen	Vergleichskriterien		
	Vergleichskriterium I	Vergleichskriterium II	Vergleichskriterium III
Dauer			
Umfang			
Verantwortlichkeiten			
Aufwand			

Tabelle 1: Effizienzsystem europäischer Forschungsrahmenprogramme

3 Herleitung der Kriterien und Indikatoren zum Vergleich europäischer Forschungsrahmenprogramme und Vervollständigung des Effizienzsystems

Das Konstrukt der administrativen Effizienz europäischer FRP ist nun bereits in vier Effizienzdimensionen zerlegt worden. Als weiterer Schritt sind diesen Effizienzdimensionen zunächst Kriterien und dann Indikatoren hinzuzufügen, die das Konstrukt der administrativen Effizienz europäischer FRP weiter in verschiedene messbare Teilaspekte auflösen und somit erfassbar und beschreibbar machen. Damit vermeidet man auch gleichzeitig eine willkürliche Begriffsbestimmung und erreicht eine konkrete Definition des Konstruktes der administrativen Effizienz europäischer FRP.

Das Vorgehen sieht dabei so aus, dass im folgenden die Effizienzkriterien hergeleitet und begründet werden. Diesen Effizienzkriterien werden dann bereits beispielhaft zahlenmäßig messbare Indikatoren hinzugefügt. Am Ende der Ausführungen zu diesem Kapitel werden in einer Gesamttabelle alle definierten Kriterien und beispielhaften Indikatoren zusammengefasst und vervollständigt. Dabei ist aber zu berücksichtigen, dass sich erst im Rahmen des Vergleiches des 5. FRP mit dem 6. FRP im folgenden vierten Kapitel herausstellen wird, inwieweit sich die theoretisch abgeleiteten Indikatoren tatsächlich mit Zahlen belegen lassen.

3.1 Projektmanagement und Projektkoordination

Im Rahmen von europäischen FRP werden große, internationale Projekte mit vielen verschiedenen Partnern aus den unterschiedlichsten Ländern durchgeführt. Diese Projekte bedürfen nicht nur der externen Koordination durch die GD, sondern müssen auch immer projektintern gemanagt werden. Üblicherweise wird diese Aufgabe vom Projektkoordinator wahrgenommen, der zu Beginn eines jeden Forschungsprojektes bestimmt wird. Der Projektkoordinator steht in direktem Kontakt mit der jeweils zuständigen GD und ist für die ordnungsgemäße administrative und wissenschaftliche Abwicklung des Forschungsprojektes nach den entsprechenden Vorgaben der Europäischen Kommission zuständig. Deswegen kommt dem Projektkoordinator und dem von ihm vorzunehmenden Projektmanagement eine bedeutende Rolle zu. Projektmanagement und Projektkoordination stellt deswegen das erste Vergleichskriterium dar. Es soll in diesem Zusammenhang untersucht werden, inwieweit der Projektkoordinator bei der Wahrnehmung seiner Aufgaben einerseits finanziell sowie andererseits auch informell durch die GD unterstützt wird, was auch erheblichen Einfluss auf die administrative Effizienz europäischer FRP hat.

Denkbare Indikatoren zur zahlenmäßigen Erfassung des Kriteriums Projektmanagement und Projektkoordination könnten dabei beispielsweise sein:

Managementkosten:

- Was konnte im 5. FRP als Managementkosten abgerechnet werden und was wird im 6. FRP als Managementkosten anerkannt?
- In welcher Höhe (voll oder nur teilweise) konnten bzw. können Managementkosten abgerechnet werden?
- Prozentualer Anteil der Managementkosten an den gesamten Projektausgaben.
- Reports/Berichtswesen:
- Anzahl der insgesamt einzureichenden Berichte.
- Anzahl der jährlich einzureichenden Berichte.
- Wer muss die Berichte erstellen (jeder Projektpartner oder nur Koordinator)?
- Benötigte Erstellungszeit für die beizubringenden Berichte bei den Projektbeteiligten.
- Prüfungszeiträume für Jahres- und Schlussberichte bei den GD.

3.2   Vertragsmodalitäten

Als zweites Vergleichskriterium werden die Vertragsmodalitäten beurteilt. Um den unterschiedlichen Gesetzgebungen in den vielen verschiedenen Partnerländern der europäischen Forschungsprojekte einheitliche europäische Regelungen entgegensetzen zu können, hat die Europäische Kommission zur Projektabwicklung im Rahmen von FRP mit dem Beschluss über die Durchführung der FRP gleichzeitig Musterverträge und einheitliche Regelungen zur Projektdurchführung in Kraft gesetzt. Die Komplexität dieser Musterverträge und aller weiteren vertraglichen Vorgaben auf europäischer Ebene beeinflussen entscheidend die administrative Effizienz europäischer FRP, was z.B. die Dauer der Vertragsverhandlungen anbelangt.

Für dieses Kriterium könnten als Messgrößen beispielhaft folgende Indikatoren herangezogen werden:

- Anzahl der Seiten des Grundvertrages und der jeweiligen Anhänge,
- Anzahl der Anhänge,
- Dauer der Vertragsverhandlungen zwischen Koordinator und Kommission,
- Dauer der Vertragsverhandlungen zwischen Koordinator und Konsortium,
- Anzahl der Vertragspartner für die Kommission und für den Koordinator.

3.3 Finanzierungsmodalitäten

Der Europäische Rechnungshof stellte bereits in verschiedenen Berichten fest, dass die Abrechnungsmodalitäten im Rahmen europäischer FRP unnötigerweise recht schwierig und komplex sind. Vom Europäischen Rechnungshof sind in diesem Zusammenhang mehrfach Vereinfachungen angeregt und gefordert worden.[61] Da schwer verständliche und umfangreiche Finanzierungs- und Abrechnungsmodalitäten sowohl bei den Zuwendungsempfängern als auch in den verschiedenen GD zu Auslegungsschwierigkeiten und Unübersichtlichkeiten bei der Abrechnung führen, ist dies ein ganz entscheidendes Kriterium für die administrative Effizienz europäischer FRP.

Zahlenmäßig erfasst werden könnten z.B. folgende Indikatoren für die Finanzierungsmodalitäten:

- Anzahl der anwendbaren Kostenerstattungssysteme,
- Anzahl der abrechenbaren Kostenkategorien,
- Anwendung von Pauschalsätzen,
- Prüfzeitraum bei der GD von der Einreichung der Kostennachweise bis zur Auszahlung des Geldes,
- Aufwand für die Erstellung eines Kostennachweises bei einem Projektteilnehmer.

3.4 Zahlungsmodalitäten

Als letztes Kriterium für die administrative Effizienz europäischer FRP ist noch wichtig, wie die GD die Auszahlungen der bewilligten Gelder handhaben. Forschungsprojekte können nur ohne Reibungsverluste und zeitliche Verschiebungen abgewickelt werden, wenn zeitnah und unkompliziert alle benötigten Gelder zur Verfügung gestellt werden.

Als kennzeichnende Indikatoren für die Zahlungsmodalitäten könnten folgende Kenngrößen erhoben werden:

- Anzahl der Zahlungen im Projektverlauf,
- Aufwand für die Einholung der Auditzertifikate bei den Projektteilnehmern,
- Prüfaufwand für die GD für ein Auditzertifikat.

---

[61] Europäischer Rechnungshof: Jahresbericht zum Haushaltsjahr 2001, S. 151 und Europäischer Rechnungshof: Sonderbericht über die Verwaltung indirekter FTE-Aktionen des 5. RP, S. 11–12

Zunächst sind in einer Darstellung Effizienzdimensionen und Vergleichskriterien zusammengefasst:

Effizienzdimensionen	Vergleichskriterien			
	Projektmanagement/ Projektkoordination	Vertrags- modalitäten	Finanzierungs- modalitäten	Zahlungs- modalitäten
Dauer	Indikator I Indikator II	Indikator I Indikator II	Indikator I Indikator II	Indikator I Indikator II
Umfang	Indikator I Indikator II	Indikator I Indikator II	Indikator I Indikator II	Indikator I Indikator II
Verantwortlichkeiten	Indikator I Indikator II	Indikator I Indikator II	Indikator I Indikator II	Indikator I Indikator II
Aufwand	Indikator I Indikator II	Indikator I Indikator II	Indikator I Indikator II	Indikator I Indikator II

Tabelle 2: Effizienzsystem europäischer Forschungsrahmenprogramme

Diese Darstellung wird nun um die spezifischen und messbaren Indikatoren ergänzt:

Effizienz-dimensionen	Vergleichskriterien			
	Projektmanagement / Projektkoordination	Vertragsmodalitäten	Finanzierungsmodalitäten	Zahlungsmodalitäten
Dauer	Reports/Berichtswesen: • Wie lange dauert die Erstellung der Berichte durchschnittlich? • Bearbeitungszeit der Bewertung der Berichte durch die Kommission	• Dauer der Vertragsverhandlungen zwischen Koordinator und Kommission • Dauer der Vertragsverhandlungen zwischen Koordinator und Konsortium	• Bearbeitungszeit der Prüfung des Kostennachweises durch die Kommission • Bearbeitungszeit der Erstellung eines Kostennachweises beim Projektteilnehmer	• Bearbeitungszeit der Prüfung eines Auditzertifikates durch die Kommission • Bearbeitungszeit der Einholung eines Auditzertifikates beim Projektteilnehmer • Zeitraum von der Beantragung der Gelder bis zum Zahlungseingang beim Projektteilnehmer
Umfang	abrechenbare Managementkosten: • Was wird als Managementkosten anerkannt? • In welcher Höhe können Managementkosten • geltend gemacht werden (voll oder nur teilweise)? • prozentualer Anteil der Managementkosten an den gesamten Projektkosten Reports/Berichtswesen: • Anzahl der insgesamt einzureichenden Reports • Anzahl der jährlich einzureichenden Reports	• Anzahl der Musterverträge • Anzahl der Seiten des Grundvertrages • Anzahl der Vertragsanhänge • Anzahl der Vertragspartner der Kommission • Anzahl der Vertragspartner des Koordinators	• Anzahl der anwendbaren Kostenerstattungssysteme • Anzahl der abrechenbaren Kostenkategorien • Anwendung von Pauschalsätzen	• Anzahl der Zahlungen im Projektverlauf • Anzahl der einzureichenden Kostennachweise bzw. Auditzertifikate im Projektverlauf

Tabelle 3: Effizienzsystem europäischer Forschungsrahmenprogramme

Effizienz-dimensionen	Vergleichskriterien			
	Projektmanagement / Projektkoordination	**Vertragsmodalitäten**	**Finanzierungsmodalitäten**	**Zahlungsmodalitäten**
Verantwort-lichkeiten	abrechenbare Managementkosten: • Wer muss die Managementkosten überwachen? • Reports/Berichtswesen: • Wer muss die Berichte erstellen?	• Wer führt im wesentlichen die Vertragsverhandlungen?	• Wer ist für die Erstellung des Kostennachweises zuständig?	• Wer ist für die Einholung der Auditzertifikate zuständig?
Aufwand	abrechenbare Managementkosten: • In welchem Detailierungsgrad müssen die Managementkosten nachgehalten werden – wie viele Mitarbeiter sind dafür notwendig? Reports/Berichtswesen: • Wie viele Personen sind mit der Erstellung der Berichte befasst – wie hoch sind die Personalkosten für die Erstellung der Berichte? • Wie viele Personen sind mit der Prüfung der Berichte bei der Kommission befasst?	• Wie viele Personen sind in die Vertragsverhandlungen involviert?	• Wie aufwändig ist die Erstellung eines Kostennachweises für den Projektteilnehmer?	• Wie aufwändig ist die Einholung eines Auditzertifikates für den Projektteilnehmer?

4 Vergleich des 5. Forschungsrahmenprogramms mit dem 6. Forschungsrahmenprogramm anhand des Effizienzsystems

In diesem Kapitel wird das 5. FRP dem 6. FRP im Effizienzsystem europäischer FRP gegenübergestellt. Durch diese Gegenüberstellung sollen Veränderungen vom 5. FRP zum 6. FRP deutlich herausgearbeitet und kommentiert werden. Eine Effizienzbewertung der festgestellten Veränderungen vom 5. FRP zum 6. FRP erfolgt dann in Kapitel 6 dieser Masterarbeit.

4.1 Projektmanagement und Projektkoordination

Zu Beginn eines jeden europäischen Forschungsprojektes, das Projektteilnehmer aus mehreren unterschiedlichen Ländern umfasst, wird zunächst ein Projektkoordinator bestimmt. Die Funktionen des Projektkoordinators bestehen darin, einerseits der Kommission als Hauptprojektansprechpartner zur Verfügung zu stehen und andererseits das Konsortium intern zu verwalten und zu koordinieren und das interne Projektcontrolling zu übernehmen. Um diese Aufgaben effektiv wahrnehmen zu können, benötigt der Projektkoordinator die volle externe Unterstützung, hauptsächlich in finanzieller Form und in informeller Form durch die die Kommission vertretenden jeweils zuständigen GD.

Im Effizienzsystem europäischer FRP werden nun für das Vergleichskriterium Projektmanagement / Projektkoordination in **Tabelle 4** die definierten Indikatoren mit entsprechend verfügbaren Zahlen zum 5. FRP und zum 6. FRP belegt:

Effizienz-dimensionen	Vergleichskriterium	
	Projektmanagement / Projektkoordination	
	5. Forschungsrahmenprogramm	6. Forschungsrahmenprogramm
Dauer[62]	Berichte sind binnen zwei Monaten (ca. 60 Tage) nach Ablauf des jeweiligen Berichtszeitraumes vorzulegen[63]	Berichte sind innerhalb von 45 Kalendertagen nach Ablauf des Berichtszeitraumes einzureichen[64]
	Kommission muss sich innerhalb von zwei Monaten (ca. 60 Tage) zu den Berichten äußern, sonst gelten die Berichte als genehmig[65]	GD muss innerhalb von 90 Kalendertagen Prüfung der Berichte abgeschlossen haben[66]
Umfang	Berichtszeiträume werden individuell für jedes Projekt verhandelt und im Vertrag geregelt (keine Festlegung von Mindestberichts-zeiträumen)	mindestens ein Mal jährlich und höchstens zwei Mal jährlich (je nach Förderinstrument) sind Berichte vorzulegen[67]
	zwei verschiedene Arten von Berichten[68]	drei verschiedene Arten von Berichten[69]
	Projektmanagement und Aufgaben des Koordinators: - wissenschaftliche, finanz- und verwaltungstechnische Koordinierung des Projektes - Mittler zwischen Vertragspartnern und der Kommission - übermittelt vor allem der Kommission alle projektbezogenen Unterlagen und sämtliche relevanten Informationen und die gesamte projektbezogene Korrespondenz[70]	Managementkosten umfassen: - Einholung von Auditzertifikaten und finanziellen Sicherheiten - Durchführung von Bewerbungsaufforderungen für die Beteiligung neuer Vertragspartner - Fortschreibung des Konsortialvertrages - sonstige Managementtätigkeiten (Koordinierung der technischen Projekttätigkeiten und des Wissensmanagements; rechtliches, vertragliches, ethisches, finanzielles und verwaltungstechnisches Gesamtmanagement etc.)[71]
	Kosten für die Projektkoordinierung können über die verschiedenen Kostenkategorien im Rahmen des entsprechenden Kostenerstattungssystems und nach dem Finanzbeitrag der EU abgerechnet werden[72]	Tätigkeiten zum Management des Konsortiums werden zu 100 % bis zu 7 % der Gesamtbeihilfe erstattet[73]
	Management Task mit eigenem Budget und einer Förderquote von 50 %	darüber hinausgehende Managementkosten können den anderen Projektaktivitäten mit einer Förderquote von 50 % zugeordnet werden

Effizienz-dimensionen	Vergleichskriterium	
	Projektmanagement / Projektkoordination	
	5. Forschungsrahmenprogramm	6. Forschungsrahmenprogramm
Verantwort-lichkeiten	Projektkoordinator muss Managementkosten nachhalten jeder Projektpartner muss für seine vertraglich vereinbarte Leistung die Berichte anfertigen, die dann über den Projektkoordinator der Kommission vorzulegen sind Projektkoordinator muss Berichte konsolidieren[74]	Projektkoordinator muss Berichte erstellen und Managementkosten nachhalten[75]
Aufwand	Projektmanagement: ca. eine volle Stelle zzgl. personelle Unterstützung für finanzielle Angelegenheiten[76]	Projektmanagement: ca. zwei Stellen für die Gesamtkoordination ggf. zzgl. einer halben Stelle für Teilprojektmanagement[77]

Tabelle 4
Erläuterung Fußnoten s. S. 54

Berichtswesen:

Im 5. FRP sowie im 6. FRP sind regelmäßige Berichte eines jeden Projektkonsortiums an die Kommission über den erreichten Projektfortschritt fällig.

Im 5. FRP waren für die Einreichung der Berichte durch die Projektteilnehmer und die Prüfung der Berichte durch die Kommission jeweils zwei Monate (ca. 60 Tage) als gleicher Zeitraum vorgesehen. Im 6. FRP ist der Berichtseinreichungszeitraum für das Konsortium auf 45 Tage verkürzt und der Berichtsprüfungszeitraum für die Kommission auf 90 Tage verlängert worden, wobei diese Prüfungsfrist durch Nachfragen der Kommission zum vorgelegten Bericht zunächst beendet wird und nach Einreichung eines entsprechend überarbeiteten Berichtes wieder von neuem beginnt.

Die Verkürzung des Einreichungszeitraumes für das Konsortium ist eingeführt worden, weil nun grundsätzlich vom Koordinator ein Gesamtbericht für das Projekt vorgelegt werden muss. Dabei ist aber auch zu berücksichtigen, dass der Koordinator zunächst alle relevanten Informationen von den anderen Projektpartnern erhalten muss. Hinzu kommt, dass trotz alledem noch bestimmte Berichtsteile von den einzelnen Projektpartnern selbst erstellt und bei der Kommission eingereicht werden müssen.

---

[62] Anmerkung der Verfasserin: Da kein statistisches Datenmaterial darüber zur Verfügung steht, wie lange die Berichterstellung bei einem Projektteilnehmer bzw. beim Projektkoordinator tatsächlich dauert oder wie viel Zeit und Personal die einzelnen GD wirklich für die Prüfung der einzelnen Berichte benötigen, ist für diese Gegenüberstellung auf die offiziellen Zahlen aus den Finanzvorgaben der Kommission zurückgegriffen worden.

[63] Artikel 4 Nr. 3 Satz 1 Anhang II des Beispiels eines Mustervertrages zum 5. FRP, S. 15

[64] Helmholtz-Gemeinschaft Deutscher Forschungszentren e.V. (Hrsg.): Leitfaden zur Finanzierung indirekter Maßnahmen des 6. FRP, S. 84

[65] Artikel 4 Nr. 3 Satz 4 Anhang II des Beispiels eines Mustervertrages zum 5. FRP, S. 15

[66] Helmholtz-Gemeinschaft Deutscher Forschungszentren e.V. (Hrsg.): Leitfaden zur Finanzierung indirekter Maßnahmen des 6. FRP, S. 106, siehe Fußnote 272

[67] Helmholtz-Gemeinschaft Deutscher Forschungszentren e.V. (Hrsg.): Leitfaden zur Finanzierung indirekter Maßnahmen des 6. FRP, S. 92–94

[68] Artikel 4 Nr. 1a) Anhang II des Beispiels eines Mustervertrages zum 5. FRP, S. 14–15

[69] Helmholtz-Gemeinschaft Deutscher Forschungszentren e.V. (Hrsg.): Leitfaden zur Finanzierung indirekter Maßnahmen des 6. FRP, S. 199 und S. 84–85

[70] Artikel 2 Nr. 1 Anhang II des Beispiels eines Mustervertrages zum 5. FRP, S. 10–11

[71] Helmholtz-Gemeinschaft Deutscher Forschungszentren e.V. (Hrsg.): Leitfaden zur Finanzierung indirekter Maßnahmen des 6. FRP, S. 40

[72] Artikel 12 Abs. 2 der Durchführungsbestimmungen zum 5. FRP, Abl. 1999/L 122/09, S. 13

[73] Helmholtz-Gemeinschaft Deutscher Forschungszentren e.V. (Hrsg.): Leitfaden zur Finanzierung indirekter Maßnahmen des 6. FRP, S. 9 und S. 41

[74] Artikel 4 Abs. 1 Satz 1 des Beispiels eines Mustervertrages zum 5. FRP, S. 4

[75] Helmholtz-Gemeinschaft Deutscher Forschungszentren e.V. (Hrsg.): Leitfaden zur Finanzierung indirekter Maßnahmen des 6. FRP, S. 84

[76] interne Firmendaten mittels Befragung sondiert

[77] interne Firmendaten mittels Befragung sondiert

Die Anpassung des Berichtsprüfungszeitraumes für die Kommission ist vorgenommen worden, weil vom Europäischen Rechnungshof festgestellt wurde, dass im 5. FRP die festgelegten Berichtsprüfungszeiträume von den GD nie eingehalten werden konnten. Mit dieser Fristverlängerung hofft man nun, dass fristgerechte Berichtsprüfungen von den jeweils zuständigen GD mit den verfügbaren Personalressourcen vorgenommen werden können.
Die Berichtszeiträume im 5. FRP wurden jeweils projektspezifisch, im Zusammenhang mit der Vereinbarung von Projektmeilensteinen ausgehandelt und in den technischen Unterlagen zum Projekt festgelegt. Im 6. FRP sind regelmäßige Berichte mindestens alle zwölf Monate und höchsten alle sechs Monate fällig. Anscheinend wichen aber die individuell verhandelten Berichtszeiträume im 5. FRP auch nicht viel von der Jahres- oder Halbjahresfrist ab. Somit umfassen die Berichtszeiträume im 5. FRP und im 6. FRP sechs bzw. zwölf Monate.

Im 5. FRP wurden regelmäßige Berichte über:

* den Fortschritt der Arbeiten, die eingesetzten Mittel, Abweichungen vom Arbeitsplan und zu den Ergebnissen,
* sonstige zusätzliche Berichte zuzüglich eines Technologieumsetzungsplanes nach Artikel 17 des Mustervertrag zum 5. FRP als Berichtsarten verlangt.[78]

Regelmäßige Berichte im 6. FRP sind:

* der Tätigkeitsbericht,
* der Managementbericht,
* sonstige Berichte.[79]

Letztendlich stimmen diese unterschiedlichen Berichtsformen aber inhaltlich teilweise überein.

Projektmanagement:
Im 5. FRP wie auch im 6. FRP gibt es Projektkoordinatoren, die der Kommission als Ansprechpartner für das Projekt zur Verfügung stehen und die für das interne Projektcontrolling sowohl in wissenschaftlich-technischer als auch in finanzieller Hinsicht verantwortlich sind.
Im 5. FRP stand die Information der Kommission über sämtliche Projektentwicklungen im Mittelpunkt der Aufgaben des Koordinators. Dies hat sich im 6. FRP dahingehend geändert, dass dem Projektkonsortium von der Kommission mehr

---

78 Artikel 4 Nr. 1a) Anhang II des Beispiels eines Mustervertrages zum 5. FRP, S. 14–15
79 Helmholtz-Gemeinschaft Deutscher Forschungszentren e.V. (Hrsg.): Leitfaden zur Finanzierung indirekter Maßnahmen des 6. FRP, S. 199 und S. 84–85

Verantwortung übertragen wurde, die in der Regel hauptsächlich vom Koordinator wahrgenommen wird. Die Kommission muss natürlich vom Koordinator immer noch in regelmäßigen Abständen über den Projektfortschritt unterrichtet werden, aber viele Entscheidungen kann der Projektkoordinator natürlich immer in Abstimmung mit dem Konsortium im 6. FRP ohne vorherige Genehmigung der Kommission treffen, z.B. zur Verschiebung von Projektmitteln und Personenmonaten zwischen den einzelnen Projektpartnern oder zur Aufnahme neuer Konsortialmitglieder. Allerdings ist teilweise immer noch die Zustimmung der Kommission zu gewissen Projektveränderungen erforderlich, die aber von der Kommission nur unter bestimmten Randbedingungen verweigert werden darf. Das ist eine große Erleichterung für das Konsortium und auch für den Projektkoordinator, der sehr eigenverantwortlich im Sinne des Forschungsvorhabens das Projektcontrolling durchführen und händeln kann.

Die Managementkosten wurden im 5. FRP im Rahmen der sonstigen anfallenden Kosten über die entsprechenden Kostenkategorien im ausgewählten Kostenerstattungssystem und im Rahmen des EU-Finanzbeitrages abgewickelt. Das bedeutet, dass Projektmanagementkosten im 5. FRP z.B. als Personalkosten oder als Reisekosten oder als Unterauftrag ermittelt und zu dem Prozentsatz der jeweiligen Aktivität von der EU vergütet wurden. Es gab aber auch ein eigenständig verwaltetes Management Task Budget, das mit einer Förderquote von 50 % unterstützt wurde.

Im 6. FRP hat man die Tätigkeiten zum Management des Konsortiums als Einzelposten zur Ausweisung sondiert. Darüber hinaus werden nun die Managementtätigkeiten zu 100 % finanziert. Allerdings ist gleichzeitig eine Limitierung des Managementbudgets auf 7 % der Gesamtbeihilfe mit eingeführt worden. Wenn also die anfallenden Managementkosten höher ausfallen als 7 % der Gesamtbeihilfe, werden diese Kosten nicht im Rahmen des Managementbudgets vergütet, sondern können lediglich über das gewählte Kostenerstattungssystem im Rahmen des von der EU festgelegten Prozentsatzes erstattet werden.

4.2 Vertragsmodalitäten

Ein wichtiger Schritt auf dem Weg zum Start eines europäischen Forschungsprojektes ist die Aushandlung eines entsprechenden Vertrages zwischen der Kommission und dem Projektkonsortium. Die Randbedingungen, die im Zusammenhang mit den Vertragsverhandlungen stehen, wie z.B. die Ausgestaltung und Komplexität der Musterverträge oder die Anzahl der Vertrags- und Verhandlungspartner, sollen nachstehend genauer beleuchtet werden.

Zunächst gibt der folgende Ausschnitt aus dem Effizienzsystem europäischer FRP zum Vergleichskriterium Vertragsmodalitäten in **Tabelle 5** einen Überblick über die zu diesem Kriterium verfügbaren messbaren Indikatoren:

Effizienz-dimensionen	Vergleichskriterium	
	Vertragsmodalitäten	
	5. Forschungsrahmenprogramm	6. Forschungsrahmenprogramm
Dauer	195 Tage von der Auswahl des Projektvorschlages bis zur endgültigen Vertragsunterzeichnung[80]	ca. 270 Tage vom Beginn der Vertragsverhandlungen bis zur endgültigen Vertragsunterzeichnung[81]
Umfang	20 verschiedene Musterverträge[82]	ein Mustervertrag (Core Contract)[83]
	bis zu drei Vertragsanhänge (je nach Vertragsart)[84]	sechs Vertragsanhänge[85]
	Unterzeichnung des Vertrages durch den Hauptvertragspartner und alle Nebenvertragspartner[86] Kommission hat immer mehrere Vertragspartner	Kommission hat einen Vertragspartner[87]
Verantwort-lichkeiten	der Hauptvertragspartner und alle Nebenvertragspartner müssen den Vertrag unterzeichnen[88]	Projektkoordinator unterzeichnet stellvertretend für das Konsortium den Vertrag[89]
Aufwand	2 Wissenschaftler zzgl. juristischer und administrativer Support verhandeln 6 Monate den Vertrag[90]	2,5 Wissenschaftlerstellen sind 18 Monate mit Projekt- und Vertragsvorbereitungen beschäftigt[91]

Tabelle 5

---

[80] Europäischer Rechnungshof: Sonderbericht über die Verwaltung indirekter FTE-Aktionen des 5. RP, S. 20

[81] Erfahrungsberichte zum 6. FRP: Exzellenznetzwerk: 3D-EM, Max-Planck-Institut für Biochemie Integriertes Projekt: MYCAREVENT, Forschungsinstitut für Rationalisierung an der RWTH Aachen Exzellenznetzwerk: EuropeanLeukemia Net, Universität Heidelberg gefunden unter: http://www.eubuero.de/service/veranstaltungen/ws071004

[82] Europäischer Rechnungshof: Sonderbericht über die Verwaltung indirekter FTE-Aktionen des 5. RP, S. 7

[83] http://www.rp6.de/durchfuehrung/durchfuehrung/vertraege und http://www.rp6.de/durchfuehrung/durchfuehrung/vertraege/Download/dat_/9

[84] Artikel 8 Abs. 1 des Beispiels eines Mustervertrages zum 5. FRP, S. 5

[85] http://www.rp6.de/durchfuehrung/durchfuehrung/vertraege und http://www.rp6.de/durchfuehrung/durchfuehrung/vertraege/Download/dat_/9 und http://www.rp6.de/durchfuehrung/durchfuehrung/vertraege/Download/dat_/10

[86] Europäischer Rechnungshof: Sonderbericht über die Verwaltung indirekter FTE-Aktionen des 5. RP, S. 8

[87] Artikel 12 Abs. 2 Satz 2 der Beteiligungsregeln zum 6. FRP, Abl. 2002/L 355/23, S. 29 und http://www.rp6.de/durchfuehrung/durchfuehrung/vertraege

[88] Europäischer Rechnungshof: Sonderbericht über die Verwaltung indirekter FTE-Aktionen des 5. RP, S. 8

[89] http://www.rp6.de/durchfuehrung/durchfuehrung/vertraege

[90] interne Firmendaten mittels Befragung sondiert

Bereits im 5. FRP wurde vom Europäischen Rechnungshof in seinem Sonderbericht über die Verwaltung indirekter FTE-Aktionen des 5. RP festgestellt, dass Vertragsverhandlungen mit einer Dauer von insgesamt 6 bis 8 Monaten für Forschungsprojekte im Spitzentechnologiebereich zu lang sind.[91] Nun ist festzustellen, dass sich die Vertragsverhandlungen im 6. FRP nochmals verlängert statt verkürzt haben. Diese deutliche Verlängerung der Vertragsverhandlungsdauer im 6. FRP ist auf das verfügbare Datenmaterial für diese Gegenüberstellung zurückzuführen. Zum 6. FRP waren nur Erfahrungsberichte zu den neuen Förderinstrumenten wie Exzellenznetze und Integrierte Projekte ausfindig zu machen. Zahlen zu Vertragsverhandlungen in den traditionellen Förderinstrumenten standen für diese Auswertung nicht zur Verfügung. Da die fehlende Erfahrung im Umgang mit diesen neuen Förderinstrumenten bei allen Beteiligten sowohl auf Seiten der Kommission als auch in den Projektkonsortien zu großen Auslegungsschwierigkeiten und Rechtsunsicherheiten geführt hat, verzögerten sich auch entsprechend die Vertragsverhandlungen für diese neuen Förderinstrumente. Bei den Vertragsverhandlungen zu den traditionellen bewährten und fortgeführten Förderinstrumenten konnten wohl teilweise tatsächlich Verkürzungen der Verhandlungsdauer erzielt werden.

Im 5. FRP erschwerte die Vielzahl von Musterverträgen zusätzlich die Vertragsverwaltung.[92] Daraus zog man für das 6. FRP die Konsequenz, dass nur ein Mustervertrag als Vertragsgrundlage für alle Projekte eingeführt wurde. Um nun aber auch auf Projektbesonderheiten eingehen zu können, stehen noch „Spezielle Vertragsklauseln“ zur Verfügung, die zusätzlich je nach Projektspezifität in den Mustervertrag integriert werden können.[93] Die Einführung von nur einem Mustervertrag mit entsprechenden Spezialklauseln je nach Projektanforderungen ist durchaus als administrative Erleichterung anzusehen, denn nun gelten die gleichen Vertragsklauseln für alle Projekte im 6. FRP und das schwierige Entscheiden für den passenden Mustervertrag wie im 5. FRP fällt weg.

---

[91] Europäischer Rechnungshof: Sonderbericht über die Verwaltung indirekter FTE-Aktionen des 5. RP, S. 31

[92] Europäischer Rechnungshof: Sonderbericht über die Verwaltung indirekter FTE-Aktionen des 5, S. 2 und S. 30–31

[93] Helmholtz-Gemeinschaft Deutscher Forschungszentren e.V. (Hrsg.): Leitfaden zur Finanzierung indirekter Maßnahmen des 6. FRP, S. 200–223 und http://www.rp6.de/durchfuehrung/durchfuehrung/vertraege/Download/dat_/fil_863 und http://www.rp6.de/durchfuehrung/durchfuehrung/vertraege

Als Vertragsanhänge gab es im 5. FRP:

- Anhang I: Beschreibung der Arbeiten,
- Anhang II: Allgemeine Bedingungen,
- Anhang III: Besondere Bedingungen (bei Bedarf).[94]

Im 6. FRP sind die folgenden Vertragsanhänge allen Verträgen beizufügen:

- Annex I: Technische Aufgaben (Projektbeschreibung),
- Annex II: Allgemeine Bedingungen für jedes Instrument,
- Annex III: Spezifische Regelungen für einige Instrumente, (z.B. NoE, IP, etc.),
- Annex IV (Form A): Zustimmung der Partner für den Beitritt zum Vertrag,
- Annex V (Form B): für den Beitritt neuer Partner zum Vertrag vorgesehen,
- Annex VI (Form C): Kostenaufstellung (spezifisch für jedes Instrument) zur Geltendmachung der Projektkosten.[95]

Die Inhalte der Anhänge I bis III des 5. FRP entsprechen nahezu den Inhalten der Anhänge I bis III des 6. FRP. Im 6. FRP sind lediglich drei Anhänge hinzugefügt worden, die während der Projektabwicklung zum Einsatz kommen bzw. kommen können. Zum einen müssen alle Projektpartner nach der Vertragsunterzeichnung durch Kommission und Projektkoordinator dem Vertrag beitreten. Zum anderen kann mittels des Annex V (Form B) ein neuer Partner bei Bedarf im Projektverlauf in das Projekt eingebunden werden. Der Annex VI (Form C) dient dann der Abrechnung der im Projekt entstandenen Kosten.
Vertragspartner der Kommission waren im 5. FRP der Koordinator und alle weiteren Projektteilnehmer. Da teilweise sehr umfangreiche Forschungsprojekte mit vielen verschiedenen Projektpartnern durchgeführt wurden, gestalteten sich die Vertragsverhandlungen durch das Mitspracherecht aller Beteiligten dementsprechend kompliziert. Auch der Europäische Rechnungshof stellte in seinem Sonderbericht über die Verwaltung indirekter FTE-Aktionen des 5. RP fest, dass sich FRP immer komplexer gestalten werden und schlug als Vereinfachung vor, dass ein Vertragsabschluss mit dem Koordinator ausreichen würde, wodurch das Vertragsverhandlungsverfahren erheblich verkürzt werden könnte.[96] Dieser Vorschlag des Europäischen Rechnungshofes wurde bei der Implementierung des 6. FRP auch direkt umgesetzt. Im 6. FRP unterzeichnen grundsätzlich tatsächlich nur die Kommission und der Projektkoordinator den eigentlichen Vertrag. Aber zur Einsetzung der

---

[94] Artikel 8 Abs. 1 des Beispiels eines Mustervertrages zum 5. FRP, S. 5
[95] http://www.rp6.de/durchfuehrung/durchfuehrung/vertraege und http://www.rp6.de/durchfuehrung/durchfuehrung/vertraege/Download/dat_/9 und http://www.rp6.de/durchfuehrung/durchfuehrung/vertraege/Download/dat_/10
[96] Europäischer Rechnungshof: Sonderbericht über die Verwaltung indirekter FTE-Aktionen des 5. RP, S. 31

Rechtswirksamkeit des Vertrages müssen alle anderen Projektpartner mit dem Annex IV (Form A) dem Vertrag innerhalb einer bestimmten Frist betreten.[97]

4.3   Finanzierungsmodalitäten

Um tatsächlich eine Mittelüberweisung von der Kommission an das Konsortium zu bewirken, müssen die Projektteilnehmer nach einem bestimmten Abrechnungssystem die ihnen bisher für das Projekt entstandenen Kosten aufschlüsseln und abrechnen. Diese Abrechnungssysteme im 5. FRP und im 6. FRP sollen nun einander gegenübergestellt werden.

Die folgende **Tabelle 6** fasst die Indikatoren im Effizienzsystem europäischer FRP zum Vergleichskriterium Finanzierungsmodalitäten zusammen, die mit Zahlen belegt werden können:

---

[97]   http://www.rp6.de/durchfuehrung/durchfuehrung/vertraege

[98]   Artikel 4 Nr. 3 Satz 1 Anhang II des Beispiels eines Mustervertrages zum 5. FRP, S. 15

[99]   Helmholtz-Gemeinschaft Deutscher Forschungszentren e.V. (Hrsg.): Leitfaden zur Finanzierung indirekter Maßnahmen des 6. FRP, S. 84–86

[100]   Artikel 3 Nr. 1b) Satz 1 Anhang II des Beispiels eines Mustervertrages zum 5. FRP, S. 13

[101]   Helmholtz-Gemeinschaft Deutscher Forschungszentren e.V. (Hrsg.): Leitfaden zur Finanzierung indirekter Maßnahmen des 6. FRP, S. 106 (siehe Fußnote 272)

[102]   Europäischer Rechnungshof: Sonderbericht über die Verwaltung indirekter FTE-Aktionen des 5. RP, S. 9 und http://www.cordis.lu/fp5/management/particip/v-gfpbox7.htm#Box%207

[103]   Europäischer Rechnungshof: Sonderbericht über die Verwaltung indirekter FTE-Aktionen des 5. RP, S. 12 und Helmholtz-Gemeinschaft Deutscher Forschungszentren e.V. (Hrsg.): Leitfaden zur Finanzierung indirekter Maßnahmen des 6. FRP, S. 7

[104]   Europäischer Rechnungshof: Sonderbericht über die Verwaltung indirekter FTE-Aktionen des 5. RP, S. 10 und Artikel 12 Abs. 1 der Durchführungsbestimmungen zum 5. FRP, Abl. 1999/L 122/09, S. 13

[105]   Europäischer Rechnungshof: Sonderbericht über die Verwaltung indirekter FTE-Aktionen des 5. RP, S. 12

[106]   Europäischer Rechnungshof: Sonderbericht über die Verwaltung indirekter FTE-Aktionen des 5. RP, S. 10–11 und Artikel 14 Abs. 1 Satz 2 der Durchführungsbestimmungen zum 5. FRP, Abl. 1999/L 122/09, S. 14

[107]   Europäischer Rechnungshof: Sonderbericht über die Verwaltung indirekter FTE-Aktionen des 5. RP, S. 12 und Helmholtz-Gemeinschaft Deutscher Forschungszentren e.V. (Hrsg.): Leitfaden zur Finanzierung indirekter Maßnahmen des 6. FRP, S. 7

Effizienz-dimensionen	Vergleichskriterium	
	Finanzierungsmodalitäten	
	5. Forschungsrahmenprogramm	6. Forschungsrahmenprogramm
Dauer	Kostennachweise sind binnen zwei Monaten (ca. 60 Tage) nach Ablauf des jeweiligen Berichtszeitraumes der Kommission vorzulegen[99]	Kostenabrechnungen pro Tätigkeit (Formblatt C) sind innerhalb von 45 Kalendertagen nach Ablauf des jeweiligen Berichtszeitraumes bei der Kommission einzureichen[100]
	Zahlungsüberweisungen erfolgen innerhalb einer Frist von höchstens 60 Tagen nach Genehmigung der Berichte durch die Kommission[101]	Zahlung des Betrages muss innerhalb von 90 Tagen nach Eingang der Berichte bei der Kommission erfolgen[102]
Umfang	grundsätzlich drei verschiedene Kostenerstattungssysteme, wobei weitere Zusatzkostenmodelle je nach Maßnahmentyp vorgesehen sind[103]	drei verschiedene Kostenerstattungssysteme[104]
	zehn verschiedene Kostenkategorien[105]	keine einzelnen Kostenkategorien[106]
	Anwendung von Gemeinkostenpauschalen auf Personalkosten im Rahmen des Vollkostenmodells 80 % Pauschalbetrag[107]	Anwendung von Gemeinkostenpauschalen auf die Summe der direkten Kosten ohne Unteraufträge im Rahmen des Vollkostenmodells 20 % Pauschalbetrag[108]

Tabelle 6

Effizienz-dimensionen	Vergleichskriterium	
	Finanzierungsmodalitäten	
	5. Forschungsrahmenprogramm	6. Forschungsrahmenprogramm
Verantwort-lichkeiten	jeder Projektpartner muss die von ihm für das Projekt erbrachten Leistungen gesondert abrechnen der Koordinator sammelt die Kostennachweise, fasst sie noch zusammen und legt sie der Kommission zur Prüfung vor[109]	jeder Projektpartner muss die ihm entstandenen Kosten nachhalten und über den Projektkoordinator bei der Kommission abrechnen[110]
Aufwand	Erstellung eines Kostennachweises: Aufwand stark vom Projekt abhängig ca. ein halber Personentag bis zu vier Wochen eines administrativen Projektmitarbeiters bei den einzelnen Projektpartnern[111]	Erstellung eines Kostennachweises: ca. ein Personentag eines administrativen Projektmitarbeiters bei den einzelnen Projektpartnern[112]

Kostennachweis:

Im 5. FRP hatten die Projektteilnehmer zwei Monate (ca. 60 Tage) Zeit, um die Kostennachweise zu erstellen und bei der Kommission einzureichen. Im 6. FRP ist dieser Zeitraum für die Projektteilnehmer auf 45 Tage verkürzt worden.

Zahlungsüberweisungen erfolgten im 5. FRP durch die Kommission innerhalb von 60 Tagen nach Genehmigung der Berichte durch die Kommission, wobei alle Berichte nach zwei Monaten ohne Anmerkungen der Kommission als genehmigt galten. Insgesamt hatte die Kommission im 5. FRP also 120 Tage vom Eingang der Berichte bis zur Auszahlung der Gelder Zeit. Im 6. FRP will die Kommission Zahlungen innerhalb von 90 Tagen nach Eingang der Berichte realisieren. Mit dieser Fristverkürzung wird auf Seiten der Kommission der Tatsache Rechnung getragen, dass es für die europäischen Projektkonsortien enorm wichtig ist, dass Auszahlungen schnell erfolgen und den Projektteilnehmern umgehend Projektgelder zur Verfügung gestellt werden. Es sei an dieser Stelle angemerkt, dass jeder Korrekturwunsch der Kommission zu den eingereichten Berichten die Frist jeweils wieder von neuem beginnen lässt, so dass faktisch Zahlungen weiterhin verzögert erfolgen können.

Im Wesentlichen ist auch zu erkennen, dass die Zeiträume für die Vorlage der fachlichen Berichte und die zeitlichen Vorgaben für die Vorlage der finanziellen Kostennachweise und ebenfalls die Prüfzeiträume bei der Kommission für die Prüfung der regelmäßigen fachlichen und finanziellen Projektdokumentation aneinander gekoppelt sind.

Abrechnungssystem:

Im 5. FRP fanden grundsätzlich drei verschiedene Kostenerstattungssysteme Anwendung, wobei weitere Zusatzkostenmodelle je nach Maßnahmentyp vorgesehen waren. Auch im 6. FRP konnte keine echte Vereinfachung im Hinblick auf die Anzahl der Kostenerstattungssysteme durchgesetzt werden. Es blieb bei den drei verschiedenen Kostenerstattungssystemen, allerdings ohne die Möglichkeit der Anwendung weiterer Zusatzkostenmodelle. Als Neuerung ist immerhin im Mustervertrag eingeführt worden, welche Art von Einrichtung welches Kostenmodell anwenden darf bzw. muss, um den teilweise im 5. FRP festgestellten Missbrauch bei der Wahl des entsprechenden Kostenerstattungssystems zu vermeiden.[112]

Darüber hinaus standen zur Abrechnung der anfallenden Projektkosten im 5. FRP zehn verschiedenen Kostenkategorien zur Verfügung. Diese Kostenkategorien sind im 6. FRP zunächst abgeschafft worden.

[108] Artikel 4 Nr. 2b) Satz 1 Anhang II des Beispiels eines Mustervertrages zum 5. FRP, S. 15

[109] Helmholtz-Gemeinschaft Deutscher Forschungszentren e.V. (Hrsg.): Leitfaden zur Finanzierung indirekter Maßnahmen des 6. FRP, S. 85

[110] interne Firmendaten mittels Befragung sondiert

[111] interne Firmendaten mittels Befragung sondiert

[112] Europäischer Rechnungshof: Sonderbericht über die Verwaltung indirekter FTE-Aktionen des 5. RP, S. 12

Laut Tabelle 3 als Anlage zum Leitfaden zur Berichterstattung im 6. FRP werden aber auch im 6. FRP drei bzw. vier verschiedene Kostenkategorien abgefragt.[113] Die Kommission hat sich also im nachhinein doch dazu entschlossen, auch im 6. FRP eine Ausweisung und Abrechnung sämtlicher Projektkosten nach Kostenkategorien zu verlangen.

Es handelt sich dabei um die Kostenkategorien:

- Personalkosten,
- Hauptkosten „X",
- Hauptkosten „Y",
- sonstige Kosten.

Die Hauptkosten werden je nach Projekt festgelegt. Handelt es sich um ein reiseintensives oder um ein investitionsintensives Projekt, werden die entsprechenden hohen Reise- bzw. Investitionsbudgets als Hauptkosten ausgewiesen.
Dadurch soll wieder eine gewisse Übersichtlichkeit und Vergleichbarkeit sämtlicher Kostennachweise erreicht werden.

4.4   Zahlungsmodalitäten

Neben den Finanzierungsmodalitäten wie Erstattungssysteme und Kostenkategorien spielen auch die weiteren administrativen Anforderungen der Kommission an den Nachweis der bisher entstandenen projektspezifischen Kosten eine große Rolle. Diese Zahlungsmodalitäten im 5. FRP und im 6. FRP sollen nun abschließend begutachtet werden.

Diese **Tabelle 7** zum Effizienzsystem europäischer FRP zeigt die zahlenmäßig verfügbaren Indikatoren zum Vergleichskriterium Zahlungsmodalitäten:

---

[113]   Table 3: Budget vs. Actual Costs. Anlage zum Leitfaden zur Berichterstattung, gefunden unter: http://www.kowi.de/rp/download/appendix_1-4_en.pdf

Effizienz-dimensionen	Vergleichskriterium	
	Zahlungsmodalitäten	
	5. Forschungsrahmenprogramm	6. Forschungsrahmenprogramm
Dauer		keine Angaben verfügbar
Umfang		mindestens ein Auditzertifikat für die gesamte Projektdauer üblicherweise wird mit jedem Kostennachweis auch ein Auditzertifikat vorgelegt (ca. 4 bis 5 Zahlungen während eines Projektes)[115]
Verantwortlich-keiten		jeder Projektpartner muss zur Bestätigung der in seiner Einrichtung entstandenen Kosten ein solches Auditzertifikat einholen[116]
Aufwand		Auditvorbereitung: ca. ein halber Tag beim jeweiligen Projektpartner[117] Auditdurchführung: ca. ein halber bis zu zwei Tagen Aufwand für einen Wirtschaftsprüfer für die Prüfung sämtlicher Projektunterlagen[118]

Tabelle 7

Im 5. FRP waren die GD dazu verpflichtet, die eingereichten Kostennachweise vor Zahlung der EU-Mittel auf ihre Rechtmäßigkeit zu überprüfen. Der Europäische Rechnungshof musste aber in seinem Sonderbericht über die Verwaltung indirekter FTE-Aktionen des 5. RP feststellen, dass diese regelmäßigen Finanzprüfungen nicht oder nur unzulänglich durch die GD durchgeführt wurden.[114] Der Europäische Rechnungshof führt diesen Zustand auf die unbefriedigende Personalsituation in fast allen GD zurück, denn im FuE-Bereich der Verwaltung europäischer Forschungsrahmenprogramme liegt in den meisten GD ein Mangel an qualifiziertem Personal und eine übermäßige Abhängigkeit von Zeitbediensteten vor.[115]

---

[114] Europäischer Rechnungshof: Sonderbericht über die Verwaltung indirekter FTE-Aktionen des 5. RP, S. 28

[115] Europäischer Rechnungshof: Sonderbericht über die Verwaltung indirekter FTE-Aktionen des 5. RP, S. 31 und S. 23

Um nun im 6. FRP das Personal der GD durch den Wegfall der bisher geforderten Finanzprüfungen tatsächlich zu entlasten, sind als zusätzliche Zahlungsmodalität für die Projektteilnehmer am 6. FRP Auditzertifikate eingeführt worden. Durch die Einführung der Auditzertifikate kann der Prüfaufwand für sämtliche Kostennachweise tatsächlich von den GD auf die Projektteilnehmer bzw. auf die von den Projektteilnehmern zu beauftragenden anerkannten Wirtschaftsprüfer verlagert werden. Die GD lassen sich durch die Auditzertifikate der Wirtschaftsprüfer die Rechtmäßigkeit der vom Projektteilnehmer abgerechneten Kosten und die Einhaltung der Vertragsbestimmungen bestätigen. Von daher ist es für die GD nicht mehr erforderlich, diese Punkte selbst überprüfen zu müssen. Dieser zusätzliche Aufwand für alle Projektteilnehmer eines Konsortiums wird im Rahmen der Tätigkeiten zum Management des Konsortiums von der Kommission zu 100 % erstattet.[116]

---

[116] Helmholtz-Gemeinschaft Deutscher Forschungszentren e.V. (Hrsg.): Leitfaden zur Finanzierung indirekter Maßnahmen des 6. FRP, S. 92

5 Administrative Randbedingungen europäischer Forschungsrahmenprogramme

Bevor weitere Rückschlüsse aus diesem Vergleich gezogen werden können, ist es unerlässlich, die generellen administrativen Randbedingungen europäischer FRP auf europäischer Ebene detailliert zu betrachten.

5.1 Die Haushaltsregeln der EU

5.1.1 Die europäische Haushaltsordnung

Die grundlegende „Finanzbibel" der EU ist die Haushaltsordnung für den Gesamthaushaltsplan der Europäischen Gemeinschaften.

Da alle europäischen Institutionen inklusive aller GD, die europäische FRP verwalten, an diese Haushaltsordnung gebunden sind, beeinflussen einige festgeschriebene europäische Haushaltsgrundsätze auch direkt das administrative Finanzmanagement des 5. FRP und des 6. FRP. Dass europäisches Haushaltsrecht für die Durchführung des 5. FRP und des 6. FRP anzuwenden ist, ist darüber hinaus sowohl im Artikel 4 des Beschlusses über das 5. FRP[117] als auch im Artikel 2 Absatz 2 des Beschlusses über das 6. FRP[118] geregelt. Diese beiden Vorschriften enthalten jeweils einen Verweis auf die aktuell geltenden Bestimmungen der Haushaltsordnung.

Für die Abwicklung des 5. FRP fand noch die Haushaltsordnung vom 21. Dezember 1977 für den Gesamthaushaltsplan der Europäischen Gemeinschaften Anwendung. Im Artikel 2 der Haushaltsordnung von 1977 sind bereits der Grundsatz der Sparsamkeit und der Grundsatz der Wirtschaftlichkeit der Haushaltsführung als wesentliche Haushaltsgrundsätze der EU verankert.[119]

Diese EU-Haushaltsordnung wurde zum 1. Januar 2003 völlig überarbeitet und modernisiert.[120] Einleitend sind neun Haushaltsgrundsätze für die Haushaltsführung der EU definiert worden:[121]

- Grundsatz der Einheit (Kapitel 1 Haushaltsordnung),
- Grundsatz der Haushaltswahrheit (Kapitel 1 Haushaltsordnung),
- Grundsatz der Jährlichkeit (Kapitel 2 Haushaltsordnung),

---

[117]   Artikel 4 des Beschlusses zum 5. FRP, Abl. 1999/L 026/01, S. 5

[118]   Artikel 2 Abs. 2 des Beschlusses zum 6. FRP, Abl. 2002/L 232/01, S. 3

[119]   EU-Haushaltsordnung von 1977, Abl. 1977/L 356/01

[120]   http://www.europa-web.de/europa/03euinf/10counc/haushalt.htm und
http://europa.eu.int/rapid/pressReleasesAction.do?reference=IP/02/
929&format=HTML&aged=0&language=DE&guilanguage=en

[121]   EU-Haushaltsordnung von 2003, Abl. 2002/L 248/01

- Grundsatz des Haushaltsausgleichs (Kapitel 3 Haushaltsordnung),
- Grundsatz der Rechnungseinheit (Kapitel 4 Haushaltsordnung),
- Grundsatz der Gesamtdeckung (Kapitel 5 Haushaltsordnung),
- Grundsatz der Spezialität (Kapitel 6 Haushaltsordnung),
- Grundsatz der Wirtschaftlichkeit der Haushaltsführung (Kapitel 7 Haushaltsordnung),
- Grundsatz der Transparenz (Kapitel 8 Haushaltsordnung).

Ergänzt wird die aktuelle EU-Haushaltsordnung von 2003 durch die Verordnung (EG, Euratom) Nr. 2342/2002 der Kommission vom 23. Dezember 2002, die Durchführungsbestimmungen zu den einzelnen Haushaltsgrundsätzen enthält.[122]

Die wichtigsten Haushaltsgrundsätze der EU, die bei der Realisierung sowohl des 5. FRP als auch des 6.FRP beachtet werden müssen, sind der Grundsatz der Wirtschaftlichkeit und der Grundsatz der Transparenz.

5.1.2   Der Grundsatz der Wirtschaftlichkeit

In der aktuellen EU-Haushaltsordnung von 2003 umfasst der Grundsatz der Wirtschaftlichkeit den in der Haushaltsordnung von 1977 separat ausgewiesenen Grundsatz der Sparsamkeit. Dies geht aus Artikel 27 der EU-Haushaltsordnung von 2003 hervor, der zum Grundsatz der Wirtschaftlichkeit besagt, dass Haushaltsmittel sparsam, wirtschaftlich und wirksam zu verwenden sind.[123]

Die Kommission, die bei der Verwaltung europäischer FRP durch die jeweiligen GD vertreten wird, ist anderen europäischen Institutionen und hauptsächlich dem Europäischen Parlament zu den von ihr verausgabten Mitteln und deren sparsame, wirtschaftliche und wirksame Verwendung Rechenschaft schuldig. Hinzu kommen Überprüfungen durch den Europäischen Rechnungshof. Die Kommission muss dann nachweisen, dass alle von ihr verwalteten Gelder gemäß dem Grundsatz der Wirtschaftlichkeit sparsam, wirtschaftlich und wirksam eingesetzt worden sind. Um zu diesen Punkten Stellung nehmen zu können, benötigt die Kommission umfangreiche Finanzinformationen der einzelnen Projektteilnehmer an Forschungsmaßnahmen im Rahmen europäischer FRP. Deswegen verpflichtet die Kommission alle Projektteilnehmer des 5. FRP und des 6. FRP zur Einreichung von Kostennachweisen in regelmäßigen Abständen mit den für die Kommission wichtigen Finanzdaten.

Darüber hinaus sind die GD gemäß Artikel 21 der Durchführungsbestimmungen zur EU-Haushaltsordnung zu regelmäßigen Bewertungen der Wirtschaftlichkeit

---

[122] Durchführungsbestimmungen zur EU-Haushaltsordnung, Abl. 2002/L 357/01
[123] Artikel 27 der EU-Haushaltsordnung von 2003, Abl. 2002/L 248/01, S. 12

ihrer Haushaltsführung verpflichtet. Zur Erfüllung dieser Verpflichtung können dann beispielsweise auch Tätigkeitsberichte der entsprechenden maßnahmedurchführenden Einrichtungen herangezogen werden.[124] Also müssen die Projektteilnehmer des 5. FRP und des 6. FRP nicht nur Kostennachweise, sondern auch separate Tätigkeitsberichte zum Projektfortschritt in regelmäßigen Abständen vorlegen.

5.1.3   Der Grundsatz der Transparenz

Der Grundsatz der Transparenz ist als Neuerung offiziell mit in die Haushaltsgrundsätze aufgenommen worden, obwohl dieser Grundsatz auch vorher bereits über andere europäische Dokumente Berücksichtigung gefunden hat.[125] Das Transparenzgebot ist laut Artikel 29 der EU-Haushaltsordnung von 2003 für den Haushaltsvollzug und die Rechnungslegung vorgeschrieben.[126] Transparenz bedeutet in diesem Zusammenhang, dass anhand von Rechnungen und anderen Belegen genau aufgezeigt werden kann, wofür EU-Gelder ganz konkret ausgegeben worden sind. In dieser Exaktheit sollte nach Möglichkeit der gesamte EU-Haushalt transparent aufgeschlüsselt, für jedermann nachvollziehbar geführt und darüber hinaus auch veröffentlicht werden.[127]

Aufgrund dieses Haushaltsgrundsatzes muss die Kommission zum Nachweis der Transparenz der Rechnungslegung von den Projektteilnehmern des 5. FRP und des 6. FRP auch entsprechende Nachweise, Rechnungen und Belege verlangen. An dieser Stelle hat die Kommission im 6. FRP eine Erleichterung für sich eingeführt. Die Projektteilnehmer des 6. FRP müssen Auditzertifikate von Wirtschaftsprüfern zur Abrechnung ihrer entstandenen Ausgaben beibringen. Somit liegt die Aufgabe der Einzelbelegprüfung nun beim Wirtschaftsprüfer und nicht bei der jeweils zuständigen GD. Die Kommission erfüllt aber trotzdem durch die Vorlage der Auditzertifikate das Transparenzgebot.

---

[124]   Artikel 21 der Durchführungsbestimmungen zur EU-Haushaltsordnung, Abl. 2002/L 357/01, S. 11 und S. 12

[125]   Nr. 18 der Einleitung des Beschlusses zum 5. FRP, Abl. 1999/L 026/01, S. 3

[126]   Artikel 29 der EU-Haushaltsordnung von 2003, Abl. 2002/L 248/01, S. 13

[127]   Artikel 21 Abs. 2b) Satz 2 der Durchführungsbestimmungen zur EU-Haushaltsordnung, Abl. 2002/L 357/01, S. 12

5.1.4   Fazit

Um also den beschriebenen europäischen Haushaltsgrundsätzen zu genügen, müssen gewisse administrative Grundstandards bei der Abwicklung europäischer FRP eingehalten werden.

Diese unabdingbaren Anforderungen an administrative Abwicklungskriterien beziehen sich im Hinblick auf die Einhaltung der europäischen Haushaltsgrundsätze der Wirtschaftlichkeit und der Transparenz auf ein regelmäßiges Berichtswesen und standardisierte Abrechnungsmodalitäten.

Ein etabliertes Berichtswesen ist notwendig, damit die Europäische Kommission in vorgegebenen Abständen Informationen aus den von ihr finanzierten Projekten erhält. Mit den Berichten müssen von den Projektkonsortien entsprechende Finanzdaten geliefert und Stellungnahmen zum Projektfortschritt sowie den erzielten Ergebnissen abgegeben werden.

Durch standardisierte Abrechnungsmodalitäten wird sichergestellt, dass die Gelder von allen Projektbeteiligten zu den gleichen Konditionen verwendet werden. Hinzu kommt, dass durch festgelegte Abrechnungsregeln die Zuwendungsfähigkeit und somit die Finanzierbarkeit von bestimmten Kostenarten über europäische Projektgelder geregelt werden kann.

5.2   Europäische Bestrebungen zur Schaffung transnationaler Forschungsstrukturen

In ihrer Mitteilung „Wissenschaft und Technologie: Schlüssel zur Zukunft Europas" (KOM/2004/353) legte die Europäische Kommission sechs große Ziele fest. Ein Ziel davon ist das Starten europäischer technologischer Initiativen.

Auf Anregung der Kommission und mit Unterstützung der Industrie sollen nun in der Umsetzung dieses Zieles auf europäischer Ebene sogenannten Technologieplattformen entstehen, die Unternehmen, Forschungseinrichtungen, die Finanzwelt und Behörden sowie die Normen setzenden Gremien zusammenbringen. Die Technologieplattformen sollen hauptsächlich ein gemeinsames Forschungsprogramm ausarbeiten, mit dem eine kritische Masse an einzelstaatlichen und europäischen, öffentlichen und privaten Ressourcen mobilisiert werden kann.

Dieses Konzept findet bereits in verschiedenen Bereichen Anwendung:

* Energie (Wasserstofftechnik, fotovoltaische Solarenergie),
* Verkehr (Luftfahrt),
* mobile Kommunikation,
* eingebettete Systeme,
* Nanoelektronik.

Da das Etablieren von Technologieplattformen erst während der Laufzeit des 6. FRP beschlossen worden ist, werden die Technologieplattformen häufig mit Hilfe des neuen Förderinstrumentes der Integrierten Projekte umgesetzt. In einigen Fällen wurde aber auch bereits über ein paneuropäisches Konzept nachgedacht, welches das Durchführen großer gemeinsamer technologischer Initiativen ermöglichen soll. Ein geeigneter Rahmen für die Umsetzung dieses paneuropäischen Konzeptes sind die auf Artikel 171 EGV[128] beruhenden Strukturen eines gemeinsamen Unternehmens.[129]

In den weiteren Ausführungen der Europäischen Kommission zur Implementation von Technologieplattformen wird auch die regionale Komponente betont. Die an den Technologieplattformen beteiligten Einrichtungen verteilen sich üblicherweise über verschiedenste Regionen in ganz Europa und können auf diese Weise die neu entwickelten Technologien direkt vor Ort in ganz Europa bekannt machen und mit den neuen Technologien eventuell zusammenhängende Veränderungen in der Bevölkerung erläutern und erklären.[130]

[128] Läufer, Thomas: Vertrag von Nizza, Artikel 171 EGV, S. 146
[129] Europäische Kommission: Wissenschaft und Technologie: Schlüssel zur Zukunft Europas, S. 6 und http://www.cordis.lu/technology-platforms/
[130] European Commission: Technology platforms, S. 11

6 Fazit und Ausblick auf das 7. Forschungsrahmenprogramm

Nachdem die Charakteristika des 5. FRP und des 6. FRP und die administrativen Veränderungen vom 5. FRP zum 6. FRP im Effizienzsystem europäischer FRP dargestellt und die administrativen Randbedingungen europäischer FRP noch einmal explizit beleuchtet wurden, ist im Folgenden der Bogen wieder an den Anfang dieser Masterarbeit zur grundsätzlichen Effizienzbetrachtung in den Verwaltungs- und Wirtschaftswissenschaften und im Speziellen zur Effizienzbewertung europäischer FRP zu schlagen. Weiterhin soll abschließend ein kurzer Ausblick auf das 7. FRP das Fazit abrunden.

6.1 Wirtschaftlichkeitsbetrachtung der administrativen Effizienz des 6. Forschungsrahmenprogramms

Zunächst erfolgt eine Wirtschaftlichkeitsbetrachtung der administrativen Effizienz des 6. FRP nach dem Effizienzbegriff im klassischen Sinne. Diese klassische Effizienz umfasst eine output-orientierte Input-Output-Kontrolle nach dem Minimalprinzip.[131] Für die Kommission und auch für die Projektkonsortien kann demnach von einer administrativen Effizienzsteigerung im 6. FRP gesprochen werden, wenn mit geringerem Ressourceneinsatz und niedrigerem Kostenaufwand als im 5. FRP die gleichen Aufgaben bzw. Anforderungen bewältigt werden konnten.

6.1.1 Projektmanagement und Projektkoordination

6.1.1.1 Berichtswesen

Administrative Effizienzsteigerungen im 6. FRP aus Sicht der Europäischen Kommission:
Aufgabe der Kommission ist es, die vom Konsortium regelmäßig vorzulegenden Berichte zu prüfen und aus den zur Verfügung gestellten Informationen die richtigen Rückschlüsse auf den erfolgreichen Projektfortgang zu ziehen und notfalls entsprechende Entscheidungen zu treffen und in das Projekt einzugreifen. Die größte Erleichterung für alle Beteiligten würde die Abschaffung der Berichtspflichten bedeuten. Ein solch radikaler Schritt ist allerdings aufgrund der europäischen Haushaltsgrundsätze ohnehin nicht denkbar. Der Grundsatz der Wirtschaftlichkeit und

---

[131] Ganßer, Walter: Statistische Methoden für die Effizienzbeurteilung. In: Verwaltung und Management, S. 249

der Grundsatz der Transparenz verlangen einen regelmäßigen Nachweis von der Kommission und somit auch von den Projektkonsortien darüber, wofür genau die Gelder wirtschaftlich, wirksam und sparsam eingesetzt wurden.

Somit ist also aus dem Blickwinkel der Kommission zu prüfen, inwieweit der ihr entstehende Prüfungsaufwand im Rahmen des Berichtwesens vom 5. FRP zum 6. FRP reduziert werden konnte.

Die Kommission musste im 5. FRP regelmäßig zwei verschiedene Berichte von jedem Projektteilnehmer an einem europäischen Forschungsprojekt prüfen. Im 6. FRP liegen der Kommission regelmäßig drei verschiedene Berichte, allerdings pro Konsortium eines europäischen Forschungsprojektes, vor. Daraus kann geschlussfolgert werden, dass im 6. FRP zwar ein Bericht mehr als im 5. FRP anzufertigen und von der Kommission zu prüfen ist,

aber dafür reduziert sich der Prüfaufwand für die Kommission aufgrund der Tatsache, dass nicht mehr jeder Projektteilnehmer eigene Berichte vorlegt, sondern, dass im 6. FRP die regelmäßigen Berichte den Projektfortschritt für ein gesamtes Konsortium zusammenfassen.

Da sich die Zahl der von der Kommission regelmäßig zu prüfenden Berichte vom 5. FRP zum 6. FRP reduziert hat, kann davon ausgegangen werden, dass daraus eine Entlastung des Personals der GD resultiert, auch wenn diese Tatsache zum jetzigen Zeitpunkt noch nicht mit statistischen Daten belegt werden kann. Diese Personalentlastung bedeutet bei der Wirtschaftlichkeitsbetrachtung der Effizienz des 6. FRP eine Effizienzsteigerung im Vergleich zum 5. FRP.

Es könnte nun zur weiteren Entlastung des Personals der GD darüber nachgedacht werden, ob dieser verbleibende Prüfungsaufwand von den GD auf andere Verantwortliche weiter delegiert werden kann. Gegen eine solche Vergehensweise spricht, dass die GD zu jeder Zeit auskunftsfähig gegenüber anderen europäischen Institutionen, wie z.B. dem Rat oder dem Europäischen Parlament, über den Stand der laufenden Projekte sein müssen. Dies lässt sich am besten dadurch realisieren, wenn auch im Hause die entsprechenden regelmäßigen Projektberichte geprüft werden. Darüber hinaus tragen die GD als die die Kommission vertretenden Verwaltungseinheiten die politische Verantwortung für die Durchführung europäischer FRP. Deswegen müssen die GD auch dringend über sämtliche Projektveränderungen informiert sein, damit notfalls entsprechend in den Projektablauf eingegriffen und gegen gewisse Projektentwicklungen gegengesteuert werden kann.

Dafür spricht allerdings, dass zur Berichtsprüfung lediglich externer Sachverstand von den GD hinzugezogen werden kann. So wird der Bericht dann nur von einem unabhängigen externen fachlichen Experten bewertet.

Der Europäische Rechnungshof hat einen solchen Vorschlag zur periodischen wissenschaftlichen und technischen Evaluierung laufender Projekte bereits in seinem Sonderbericht über die Verwaltung indirekter FTE-Aktionen des 5. RP unterbreitet. Der Europäische Rechnungshof regt an, stärkeren Gebrauch von regelmäßigen wissenschaftlichen und technischen Evaluierungen laufender Projekte auch unter

74

Heranziehung externer Sachverständiger zu machen. Diese Vorgehensweise könnte sich an dem Begutachtungsverfahren zur Auswahl europäischer Forschungsprojekte orientieren, bei welchem auch externe fachliche Experten das wissenschaftliche und technische Innovationspotenzial der Projektvorschläge beurteilen. Diese Experten aus den unterschiedlichen Forschungsgebieten sollten auch im Projektverlauf zu den bisher in den Projekten erreichten Forschungsergebnissen befragt werden und Stellung beziehen können. Die wissenschaftliche Qualität gemeinschaftlicher Forschung im Rahmen von europäischen FRP lässt sich dann dadurch verbessern, dass nach dieser Zwischenevaluation durch die Forschungsexperten nur noch die Projekte weitergeführt werden, die die höchsten Aussichten auf innovativen Erfolg haben. Auf diese Projekte sollte sich auch das dann frei gewordene Geld durch die eliminierten Forschungsprojekte konzentrieren.[132]

Durch die auf diese Weise bewirkte nochmalige Reduzierung der Anzahl der zu verwaltenden laufenden Projekte würde sich auch nochmals der Berichtprüfungsaufwand für die GD vermindern.

Darüber hinaus würde die eigentliche Prüfung und letztendliche Entscheidungsbefugnis für weitere Maßnahmen aufgrund festgestellter Projektabweichungen weiterhin bei der Kommission verbleiben. Außerdem erhält die Kommission die für sie relevanten Informationen zu den Projekten und notwendigen Anpassungsmaßnahmen in den regelmäßig stattfindenden Projektmeetings.

Administrative Effizienzsteigerungen im 6. FRP aus Sicht der Projektkonsortien:

Die Wirtschaftlichkeitsbetrachtung des Berichtswesens aus Sicht der Projektkonsortien bezieht sich auf den Aufwand für die Erstellung der Berichte und die Erfüllung der mit dem Berichtswesen verbundenen Verpflichtungen.

Grundsätzlich ist es im 6. FRP so, dass nur der Projektkoordinator die Berichte mit den konsolidierten Informationen aller Projektpartner erstellt und bei der Kommission einreicht. Im 5. FRP war jeder Projektpartner gegenüber der Kommission rechenschaftspflichtig, wobei auch schon im 5. FRP vom Koordinator gewisse Leistungen in Bezug zu den Kosten gesetzt und bestimmte Berichtsteile für das Konsortium zusammengefasst werden mussten. Allerdings müssen einige wenige Berichtsbestandteile auch im 6. FRP von den Partnern vollständig selbst erstellt und an die Kommission weitergegeben werden.

Beim Berichtwesen ist für das Konsortium festzustellen, dass der Aufwand für die Erstellung der Berichte und das Nachhalten und Zusammenstellen der Informationen vom 5. FRP zum 6. FRP fast gleich geblieben ist. Für die Projektkonsortien gilt weiterhin, dass jeder Projektpartner sein eigenes Projektcontrolling verwaltet und dass jeder Projektpartner diese Informationen für den Koordinator zur Kon-

---

[132] Europäischer Rechnungshof: Sonderbericht über die Verwaltung indirekter FTE-Aktionen des 5. RP, S. 32

solidierung oder direkt für die Kommission aufbereiten muss. Teilweise ist aber sogar zu beobachten, dass sich der Abstimmungsbedarf zwischen Projektkoordinator, Teilprojektleitern und den anderen Projektpartnern im 6. FRP nochmals erhöht hat, da nun zusätzlich geregelt werden muss, wer zu welchen Arbeitspaketen der Projektaufgaben genau Stellung nimmt und wer demzufolge welche Informationen in welcher Form an den Projektkoordinator weitergeben muss.

Eine Effizienzsteigerung für die Projektkonsortien konnte im Berichtswesen im 6. FRP nicht erreicht werden, da der Aufwand für die Projektkonsortien bei der Erstellung der Berichte nicht reduziert wurde und auch die Berichtszeiträume vom 5. FRP zum 6. FRP annähernd gleich geblieben sind. Es wurde im Gegenteil sogar ein gewisser Mehraufwand für den Projektkoordinator eingeführt, der nun neben dem Tätigkeitsbericht zum Fortschritt der Projektarbeiten und den sonstigen zusätzlichen Berichten auch noch einen Managementbericht anfertigen und den für die Berichterstellung notwendigen Informationsfluss zwischen allen weiteren Konsortialpartnern koordinieren muss.

Zusammenfassung:

Das Berichtwesen europäischer FRP bietet aufgrund der europäischen Haushaltsgrundsätze wie dem Grundsatz der Wirtschaftlichkeit und dem Grundsatz der Transparenz für die Kommission und für die Konsortien nur wenig Spielraum zur Steigerung der administrativen Effizienz europäischer FRP.

Die Kommission konnte eine Steigerung der administrativen Effizienz des 6. FRP durch die Reduzierung der Anzahl der zu prüfenden Berichte erreichen, da die Berichtspflicht im 6. FRP pro Konsortium wahrgenommen wird und nicht mehr von jedem Partner Einzelberichte beizubringen sind. Durch die Einschaltung externer Experten zur Berichtsprüfung und Zwischenevaluierungen sämtlicher Forschungsprojekte durch externe Sachverständige und die Beschränkung der Fortführung auf nur die innovativsten Projekte ließe sich der Prüfungsaufwand für die GD nochmals reduzieren.

Für die Konsortien erzielte das Berichtswesen im 6. FRP keine Effizienzsteigerungen, weil die einzelnen Projektpartner auch weiterhin ihr eigenes Projektcontrolling verwalten und die benötigten Informationen entsprechend zur Konsolidierung an den Projektkoordinator weitergeben müssen.

Effizienzsteigerungspotential für das Berichtswesen zukünftiger FRP würde allerdings die konsequente Nutzung neuer Medien sowohl für die Konsortien als auch für die Kommission darstellen. Es müssten die Möglichkeiten zur elektronischen Erstellung, Einreichung und Auswertung standardisierter Berichtsformulare weiter ausgebaut werden.

Es wäre auch denkbar, die regelmäßig stattfinden protokollierten Projekttreffen als Plattform für den Austausch von Informationen zu nutzen und so die schriftlich einzufordernden Berichte als hinfällig zu betrachten. Das Projektkonsortium könnte auf diesen Treffen z.B. die wissenschaftlich-inhaltlichen Projektfortschritte vorstellen und notwendige Projektveränderungen direkt mit der teilnehmenden GD abstimmen. Die GD könnte ihrerseits das Konsortium über ggf. geänderte politische Randbedingungen und anderes informieren.

6.1.1.2 Projektmanagement

Administrative Effizienzsteigerungen im 6. FRP aus Sicht der Europäischen Kommission:

Im 6. FRP hat die Kommission die „Kollektive Verantwortlichkeit" des Projektkonsortiums für die technische Durchführung des Forschungsprojektes eingeführt.[133] Mit dieser Klausel ist ein Großteil der Verantwortung für die ordnungsgemäße technische Projektdurchführung von den GD auf die Konsortien delegiert worden. Mit einer ordnungsgemäßen technischen Projektdurchführung ist auch gleichzeitig immer eine korrekte administrative Projektabwicklung mit einem funktionierenden Projektcontrolling verbunden. So ist es im 6. FRP den Projektkonsortien z.B. möglich, ihre Zusammensetzung in eigener Verantwortung zu ändern, d.h. Partner auszutauschen oder neue Projektpartner in das Konsortium aufzunehmen, ohne im Vorfeld das Einvernehmen mit der Kommission herstellen zu müssen. Die Konsortien sind nur verpflichtet, die Kommission über die Änderungen der Zusammensetzung des Konsortiums zu informieren.[134] Allerdings muss die Kommission dieser Umgestaltung des Projektkonsortiums zustimmen, wobei aber die Zustimmung nur begrenzt von der Kommission vorenthalten werden darf. In den meisten Fällen ist die Kommission zur Anerkennung der vom Konsortium vorgeschlagenen Projektveränderungen verpflichtet. Im 5. FRP waren für solche Änderungen des Projektkonsortiums immer Vertragsanpassungen zur Herstellung des Einvernehmens mit der Kommission mit einem erheblichen Verwaltungsaufwand für alle Beteiligten notwendig gewesen.[135]

Durch die Delegation von Verantwortung von den GD auf die Projektkonsortien kann die Kommission den im 5. FRP als erheblich anzusehenden Verwaltungsaufwand für Vertragsänderungen und Vertragsanpassungen beträchtlich einschränken. Die GD müssen im 6. FRP nicht mehr in alle Entscheidungsprozesse eines jeden Projektkonsortiums eingebunden werden, sondern sie werden lediglich über sämtliche Änderungsvorgänge in Kenntnis gesetzt und können dann immer noch eingreifen, wenn Änderungen vollzogen wurden, die nicht mit den politischen Vorgaben der Kommission konform gehen. Hier hat also für die Kommission eine Entlastung

---

[133]   Artikel 13 Abs. 2 Satz 1 der Beteiligungsregeln zum 6. FRP, S. 30 und Helmholtz-Gemeinschaft Deutscher Forschungszentren e.V. (Hrsg.): Leitfaden zur Finanzierung indirekter Maßnahmen des 6. FRP, S. 10

[134]   Artikel 15 Abs. 1 der Beteiligungsregeln zum 6. FRP, Abl. 2002/L 355/23, S. 31

[135]   Artikel 2 Abs. 2f) der Durchführungsbestimmungen zum Beschluss zum 5. FRP, Abl. 1999/L 122/09, S. 11

des Personals der GD stattgefunden, was somit ebenfalls zu einer Effizienzsteigerung des 6. FRP führt.

Allerdings ist anzumerken, dass diese Delegation von Verantwortung auf das Konsortium einhergeht mit einem finanziellen Ausgleich dieser Mehrbelastung des Konsortiums. Alle Tätigkeiten zum Management des Konsortiums können zu 100 % bis zu einer Höhe von 7 % des Gemeinschaftszuschusses geltend gemacht werden.

Zusammenfassend ist nun festzuhalten, dass in den GD zwar einerseits eine Entlastung der personellen Ressourcen stattgefunden hat, die andererseits aber gleichzeitig eine Belastung der finanziellen Ressourcen der GD nach sich zog.

Administrative Effizienzsteigerungen im 6. FRP aus Sicht der Projektkonsortien:

Im 6. FRP ist von der Kommission die „Kollektive Verantwortlichkeit" des Projektkonsortiums für die technische Durchführung des Forschungsprojektes eingeführt worden. Die „Kollektive Verantwortlichkeit" umfasst im Wesentlichen in den Verträgen die gemeinschaftliche finanzielle Haftung der Vertragspartner für den Ausgleich von Verstößen einzelner Vertragspartner, die ihre vertraglichen Pflichten nicht erfüllen.[136] Diese Verantwortung für die erfolgreiche Projektdurchführung wird in den meisten Fällen vom Konsortium dem Projektkoordinator übertragen. In eine Vielzahl von Entscheidungsprozessen muss im 6. FRP nicht mehr die Kommission mit eingebunden werden, denn es besteht lediglich noch eine Informationspflicht. Der Koordinator kann wichtige Entscheidungen allein bzw. gemeinsam mit dem Konsortium treffen. Somit hat hier eine Delegation von Projektverantwortung von der Kommission auf das Konsortium und im Speziellen auf den Projektkoordinator stattgefunden. Für diesen bedeutet die Übernahme von mehr Verantwortung allerdings auch einen personellen Mehraufwand für die Wahrnehmung dieser Verantwortung. Wichtige Entscheidungen müssen vom Projektkoordinator entsprechend vorbereitet und allein ohne die Unterstützung der Kommission umgesetzt werden.

Der entstehende personelle Mehraufwand für das Projektmanagement im Projektkonsortium wird allerdings von der Kommission zum Großteil übernommen, da Managementkosten zu 100 % bis zu einer Höhe von 7 % des Gemeinschaftsbeitrages erstattet werden.

Es stellte sich aber bereits heraus, dass das Limit von 7 % der Gesamtbeihilfe für die Begleichung sämtlicher anfallender Managementkosten zumindest für die neuen Förderinstrumente zu niedrig angesetzt ist. Die Managementkosten im 6. FRP

---

[136] Artikel 13 Abs. 2 Satz 1 der Beteiligungsregeln zum 6. FRP, Abl. 2002/L 355/23, S. 30 und Helmholtz-Gemeinschaft Deutscher Forschungszentren e.V. (Hrsg.): Leitfaden zur Finanzierung indirekter Maßnahmen des 6. FRP, S. 10

für Exzellenznetze und Integrierte Projekte übersteigen aufgrund der Vielzahl von Projektpartnern (teilweise bis zu 40 Partner in einem Projekt) diese Grenze um einiges.[137]

Entscheidungsprozesse im Konsortium ohne die Hinzuziehung der Kommission haben sich zunächst etwas erleichtert und beschleunigt. Es entfallen die im 5. FRP vielfach notwendigen Vertragsanpassungen, da im 6. FRP nur noch eine Informationspflicht gegenüber der Kommission besteht.

Gleichzeitig ist zu beobachten, dass sich in einigen Fällen die Entscheidungsfindung verkompliziert hat, weil nun eine Diskussion im Konsortium unter gleichberechtigten Partnern zu allen anstehenden Themen stattfindet. Finanzdiskussionen gestalten sich dabei immer besonders schwierig, weil jeder Projektpartner meist auf seine eigenen wirtschaftlichen Interessen fixiert ist. Dem Projektkoordinator fehlt dann die „Macht" zur Schlichtung auftretender Konflikte, was im 5. FRP durch eindeutige Handlungsanweisungen von den GD gelöst werden konnte.

Zusammenfassend ist es recht schwierig, eine eindeutige Aussage zur Effizienz des Projektmanagements des 6. FRP für die Konsortien zu treffen. Einerseits kann das Konsortium schneller und flexibler auf unvorhergesehene Projektentwicklungen mit notwendigen Entscheidungen über Projektveränderungen reagieren, ohne die Kommission am Entscheidungsprozess beteiligen zu müssen. Andererseits gestalten sich gerade diese innerkonsortialen Entscheidungsprozesse zwischen den gleichberechtigten Projektpartnern teilweise sehr schwierig. Der Mehraufwand für das Konsortium an personellen Ressourcen für die Wahrnehmung des Projektmanagements wird durch die gesonderte Begleichung der entstehenden Managementkosten zunächst verrechnet, wobei aber bei den neuen Förderinstrumenten festgestellt wurde, dass aufgrund der Vielzahl der Projektpartner das Budget von bis zu 7 % des Gemeinschaftsbeitrages nicht ausreicht.

Zusammenfassung:

Das Projektkonsortium hat im 6. FRP die „Kollektive Verantwortlichkeit" für die technische Durchführung des Forschungsprojektes von der Kommission übertragen bekommen.

Durch diese Auslagerung der Projektverantwortung konnte das Personal der GD erheblich entlastet werden. Gleichzeitig fand aber auch eine Belastung der finanziellen Ressourcen der GD statt, weil der dem Konsortium durch die Übernahme der Projektverantwortung entstehende zusätzliche Managementaufwand von der Kommission zu 100 % bis zu 7 % des Gemeinschaftszuschusses erstattet wird.

Statt die Verantwortung ins Konsortium zu geben, hätte man auch überlegen können, mit dem für Konsortiumsmanagementtätigkeiten vorgesehenen Geld neue Mitarbeiter in den GD einzustellen. Aber zum einen hat die Kommission ohnehin

---

[137] High-Level Expert Panel chaired by Professor Ramon Marimon: Evaluation of the effectiveness of the New Instruments of Framework Programme VI, S. 28

bereits Probleme, das für die Verwaltung von europäischen FRP benötigte qualifizierte Personal akquirieren zu können und zum anderen wären neue Mitarbeiter in den GD auch teurer als die vom Konsortium ausgeübten Managementtätigkeiten.
Beim Projektmanagement konnte eine administrative Effizienzsteigerung des 6. FRP für die Kommission erzielt werden, da bei der Kommission eine größere Personalentlastung als eine Belastung der finanziellen Ressourcen stattgefunden hat.
Für das Konsortium kann keine eindeutige Aussage zur Effizienz des Projektmanagements des 6. FRP getroffen werden, weil die Mehrbelastung des Projektkonsortiums durch das Projektmanagement nicht immer durch das zur Verfügung stehende Managementbudget ausgeglichen werden kann. Auch die Entscheidungsprozesse, die ohne Einbeziehung der Kommission durchgeführt werden können, sind in großem Maße von den am Projektkonsortium beteiligten Partnern abhängig. Grundsätzlich ist es aber so, dass die Verantwortung auf Projektebene durch die Nähe zum Forschungsgegenstand besser wahrgenommen werden kann. Zukünftig wird es also nötig sein, den Projektkoordinator weiter zu stärken und mit weitergehenden Kompetenzen auszustatten. Inwieweit dies allerdings tatsächlich durchsetzbar sein wird, hängt auch dann ganz allein vom jeweiligen Projektkonsortium und dessen Partnern ab. Stattet das Konsortium den Projektkoordinator mit entsprechenden Kompetenzen für den Streitfall aus, können Entscheidungen im Konsortium ohne Einbeziehung der Kommission schneller und umkomplizierter getroffen werden. Das Konsortium kann also selbst über die Nutzung dieses Effizienzsteigerungspotenzials entscheiden.

6.1.2   Vertragsmodalitäten

Administrative Effizienzsteigerungen im 6. FRP aus Sicht der Europäischen Kommission:
Im 6. FRP tritt ein Vertrag für ein europäisches Forschungsprojekt in Kraft, sobald die Kommission und der Koordinator ihn unterzeichnet haben, wohingegen im 5. FRP einzelne Verträge zwischen der Kommission und dem Hauptvertragspartner sowie allen Nebenvertragspartnern abgeschlossen werden mussten.[138]
Da nun im 6. FRP die Kommission nur noch einen Verhandlungs- und Vertragspartner für das Konsortium, nämlich den Koordinator, hat, ist davon auszugehen, dass sich die Vertragsverhandlungen vereinfachen und somit auch verkürzen. Auch im weiteren Projektverlauf können notwendige Vertragsänderungen und Vertragsanpassungen mit nur einem Vertragspartner pro Konsortium schneller abgewickelt werden, als mit mehreren Vertragspartnern für ein Konsortium. Diese Effizienz-

---

[138] Artikel 12 Abs. 2 Satz 2 der Beteiligungsregeln zum 6. FRP, Abl. 2002/L 355/23, S. 29 und Artikel 2 Abs. 2d) und Abs. 2e) der Durchführungsbestimmungen zum 5. FRP, Abl. 1999/L 122/09, S. 10–11

steigerung in Form von schnelleren Vertragsverhandlungen konnte vor allen Dingen bei den Vertragsverhandlungen zu den vom 5. FRP fortgeführten traditionellen Förderinstrumenten im 6. FRP beobachtet werden. Bei den Vertragsverhandlungen zu den neuen Förderinstrumenten im 6. FRP stellten sich aufgrund fehlender Erfahrungen bei allen Beteiligten im Umgang mit diesen neuen Förderinstrumenten Auslegungs- und Interpretationsschwierigkeiten ein, die zunächst doch eine Verzögerung der Vertragsverhandlungsdauer bewirkten. Da nun im 6. FRP ausreichend Erfahrungen im Umgang mit den neuen Förderinstrumenten gesammelt werden konnten, ist nun für die Durchführung des 7. FRP eine volle Entfaltung der effizienzsteigernden Wirkung dieser Neuregelung der Verhandlung mit nur einem Vertragspartner pro Konsortium bei den traditionellen sowie bei den neuen Förderinstrumenten zu erwarten. Kürzere Vertragsverhandlungen bedeuten auch für die Kommission eine Entlastung des Personals ihrer GD.

Administrative Effizienzsteigerungen im 6. FRP aus Sicht der Projektkonsortien:
Für das Konsortium hat sich im Wesentlichen vom 5. FRP zum 6. FRP verändert, dass nun nicht mehr alle Projektpartner einzelne Verträge mit der Kommission abschließen müssen, sondern dass der Vertrag mit der Unterzeichnung durch Kommission und Koordinator wirksam wird. Da im 6. FRP nicht mehr alle Konsortialpartner an den Vertragsverhandlungen beteiligt werden müssen und nur der Projektkoordinator die Vertragsverhandlungen mit der Kommission im Auftrag des Konsortiums führt, bedeutet dies für das Konsortium eine personelle Entlastung auf Seiten der Projektpartner. Anzumerken ist nun, dass der Vertrag mit der Unterschrift der Kommission und des Koordinators zwar wirksam wird, aber alle anderen Projektpartner müssen zusätzlich innerhalb einer bestimmten Frist mit dem Annex IV (Form A) auch noch dem Vertrag beitreten. Dies bedeutet, dass die personelle Entlastung auf Seiten der Projektpartner wieder etwas geschmälert wird, weil die Projektpartner im nachhinein indirekt doch zum unterzeichnenden Projektpartner mit gleichen Rechten und Pflichten erhoben werden.
Man könnte nun überlegen, ob die Abschaffung dieses Annex IV (Form A) zur weiteren Entbürokratisierung des Vertragsverhandlungsprozesses beitragen könnte. Voraussetzung dafür wäre, dass der Projektkoordinator vom Konsortium zum Verhandlungsführer mit entsprechenden Kompetenzen ernannt werden müsste. Dazu müssten die anderen Projektpartner im Konsortialvertrag Verhandlungsrechte an den Koordinator abtreten. Die Verhandlungen über den Abschluss eines solchen Konsortialvertrages würden sich aber vermutlich komplizierter gestalten als das Unterzeichnen des Annex IV (Form A), weil kein Projektpartner ohne weiteres auf ihm zustehende Rechte verzichtet.
Zum anderen wird auch für das Konsortium der Vertrag mit den Unterschriften der Kommission und des Koordinators zunächst wirksam und der Projektstart kann erfolgen. Sind im nachhinein die Rechtsabteilungen der nicht an den Vertragsver-

handlungen beteiligten Projektpartner mit den Vertragsinhalten nicht einverstanden, kann nur die Unterschrift zum Beitritt zum Vertrag verweigert werden. Der Projektbeginn wird dadurch aber nicht verzögert, was für das Konsortium auch ein Vorteil ist, weil alle anderen Partner die Projektarbeiten pünktlich aufnehmen können.

Positiv für das Projektkonsortium ist noch anzumerken, dass es im 6. FRP nur noch einen Mustervertrag mit den entsprechenden Anhängen und instrumentenspezifischen Vertragsklauseln gibt. Die 20 verschiedenen Musterverträge des 5. FRP führten auch im Konsortium zu Unsicherheit und Verwirrung. Hier hat eine Erleichterung der Vertragsauswahl stattgefunden.

Für das Projektkonsortium ist bei den Vertragsmodalitäten eine leichte Steigerung der administrativen Effizienz des 6. FRP zu verzeichnen, da nur noch der Projektkoordinator die Vertragsverhandlungen führt und somit alle anderen Projektpartner personell entlastet wurden und nur noch der Annex IV (Form A) von ihnen unterzeichnet werden muss.

Zusammenfassung:

Im 6. FRP ist neu eingeführt worden, dass der Vertrag mit der Unterzeichnung der Kommission und des Koordinators für das Konsortium in Kraft tritt. Im 5. FRP musste zwischen der Kommission und jedem Projektpartner ein einzelner Vertrag abgeschlossen werden.

Da nun die Kommission nur noch den Projektkoordinator als Vertragsverhandlungspartner hat, können die Vertragsverhandlungen schneller durchgeführt und abgeschlossen werden. Dies gelang im 6. FRP bisher aber nur tatsächlich bei den Vertragsverhandlungen für traditionelle Förderinstrumente. Die Vertragsverhandlungen zu den neuen Förderinstrumenten verzögerten sich aufgrund der fehlenden Erfahrungen und der Auslegungsschwierigkeiten bei auftretenden Rechtsunsicherheiten bezüglich der neuen Förderinstrumente. Da während der Laufzeit des 6. FRP genügend Erfahrungen im Umgang mit den neuen Förderinstrumenten gesammelt werden konnten, ist für das 7. FRP zu erwarten, dass die Kommission eine Steigerung der administrativen Effizienz des 7. FRP aufgrund der Verkürzung der Vertragsverhandlungen mit nur einem Verhandlungspartner erreichen kann.

Für das Konsortium nimmt nur noch der Projektkoordinator an den Vertragsverhandlungen teil. Alle anderen Projektpartner werden entsprechend personell entlastet, auch wenn sie im nachhinein mit dem Annex IV (Form A) dem Vertrag beitreten müssen. Hier ist eine Steigerung der administrativen Effizienz für das 6. FRP auf Seiten der Projektkonsortien zu verzeichnen.

6.1.3 Finanzierungsmodalitäten

Administrative Effizienzsteigerungen im 6. FRP aus Sicht der Europäischen Kommission:

Art, Aufbau und Komplexität der Abrechnungssysteme europäischer FRP haben einen großen Einfluss auf effiziente Kostenabrechnungs- und Kostenprüfungsverfahren. Von den Projektteilnehmern sowohl am 5. FRP als auch am 6. FRP sind in regelmäßigen Abständen Kostennachweise beizubringen, die genau wie die fachliche Projektdokumentation von den GD geprüft werden müssen, bevor die erforderlichen Auszahlungen von der Kommission veranlasst werden können. Für eine Wirtschaftlichkeitsbetrachtung der administrativen Effizienz des 6. FRP ist also auch an dieser Stelle wieder eine Reduzierung des Prüfungsaufwandes für die GD vom 5. FRP zum 6. FRP relevant.

Das Abrechnungssystem umfasst sowohl im 5. FRP als auch im 6. FRP zwei wesentliche Komponenten, nämlich Kostenerstattungssysteme und Kostenkategorien. Sowohl im 5. FRP als auch im 6. FRP gibt es grundsätzlich drei verschiedene Kostenerstattungssysteme, wobei im 5. FRP noch die Möglichkeit weiterer Zusatzkostenmodelle je nach Maßnahmentyp vorgesehen war.[139] Die zehn verschiedenen im 5. FRP etablierten Kostenkategorien sind im 6. FRP zunächst abgeschafft worden.[140]

Bezüglich der Anwendung der drei verschiedenen Kostenerstattungssysteme sowohl im 5. FRP als auch im 6. FRP hat keine echte Vereinfachung stattgefunden, weil sich grundsätzlich nichts geändert hat. An dieser Stelle hätte die Kommission eine Effizienzsteigerung durch die Einführung der vom Europäischen Rechnungshof in seinem Sonderbericht über die Verwaltung indirekter FTE-Aktionen des 5. RP vorgeschlagenen Variante von nur einem einzigen Kostenerstattungssystem erreichen können.[141] Die GD hätten dann bei der Prüfung aller Kostennachweise nur noch die Anforderungen von einem einheitlichen und nicht von drei verschiedenen Kostenerstattungssystemen zu prüfen, was eine Vereinfachung des Prüfungsaufwandes und somit eine Entlastung des Personals der GD bewirkt hätte. Dieser auch von der Kommission aufgegriffene Vereinfachungsvorschlag wurde allerdings vom Rat und vom Europäischen Parlament abgelehnt.

Vermutlich ließe sich aber die Etablierung nur eines einzigen Kostenerstattungssystems auf europäischer Ebene nicht durchsetzen. Schon allein die aus dem deutschen Buchführungssystem bekannte Unterscheidung nach der kameralistischen Buchführung, über die nur der zusätzliche Projektaufwand nachgehalten werden kann, und nach doppelter kaufmännischer Buchführung, über die auch die Ermittlung von Ge-

---

[139] Europäischer Rechnungshof: Sonderbericht über die Verwaltung indirekter FTE-Aktionen des 5. RP, S. 12

[140] Artikel 12 Abs. 1 der Durchführungsbestimmungen zum 5. FRP, Abl. 1999/L 122/09, S. 13

[141] Europäischer Rechnungshof: Sonderbericht über die Verwaltung indirekter FTE-Aktionen des 5. RP, S. 12

meinkostenverrechnungssätzen möglich ist, macht deutlich, dass an dieser Stelle nur sehr schwer eine Vereinheitlichung vorgenommen werden kann.

Die Abschaffung sämtlicher Kostenkategorien vom 5. FRP zum 6. FRP scheint zunächst eine Vereinfachung darzustellen, denn im 5. FRP erschwerten zu detaillierte Abrechnungsbedingungen die Verwaltung der europäischen Forschungsprojekte. Die Streichung der Kostenkategorien zeigte aber im nachhinein auch einige Nachteile. Da nun keine projektübergreifenden, einheitlichen Kostenkategorien von der Kommission zur Abrechnung der projektspezifischen Kosten vorgegeben werden, weist jeder Projektteilnehmer alle entstehenden Kosten nach den Regeln seines national zutreffenden Buchführungssystems aus. Dadurch verlieren die Darstellungen der Finanzdaten aller Projektteilnehmer an Klarheit und Vergleichbarkeit und somit wird sogar die Kontrolle der Kostennachweise erschwert. Darüber hinaus wird auch der Spielraum für wirksame Plausibilitätskontrollen bezüglich der Vollständigkeit und Richtigkeit der Finanzdaten bei der Bearbeitung der Kostennachweise eingeengt, da teilweise wichtige Schlüsselinformationen fehlen, weil sie nicht angegeben werden müssen.[142] Das ist auch der Grund dafür, dass nun im nachhinein von der Kommission auch im 6. FRP eine Ausweisung sämtlicher Projektkosten nach Kostenkategorien verlangt wird.[143]

Die Streichung sämtlicher Kostenkategorien bewirkte keine Vereinfachung des Prüfungsaufwandes für die Kommission und zog somit auch keine Entlastung von Personal der GD nach sich.

Administrative Effizienzsteigerungen im 6. FRP aus Sicht der Projektkonsortien:

Die Konsortien waren sowohl im 5. FRP und sind auch im 6. FRP dazu verpflichtet, in regelmäßigen Abständen Kostennachweise zu erstellen und der Kommission vorzulegen. Für die Erstellung der Kostennachweise und der Erfassung der dazu notwendigen Informationen ist jeder Projektpartner im 5. FRP wie auch im 6. FRP selbst verantwortlich.

Ausschlaggebend für eine effiziente Kostenabrechnung ist die Ausgestaltung des jeweiligen Abrechnungssystems, welches sich im wesentlichen aus den verschiedenen Kostenerstattungssystemen und den dazugehörigen Kostenkategorien zusammensetzt.

Im 5. FRP standen grundsätzlich drei verschiedene Kostenerstattungssysteme zur Auswahl, wobei je nach Projekt weitere Zusatzkostenmodelle angewandt werden konnten. Im 6. FRP blieb es bei den grundlegenden drei verschiedenen Kostenerstattungssystemen, was keine Vereinfachung darstellt und somit auch keine Steigerung der administrativen Effizienz des 6. FRP bewirken konnte. Der Europäische

---

142 Europäischer Rechnungshof: Sonderbericht über die Verwaltung indirekter FTE-Aktionen des 5. RP, S. 12

143 Table 3: Budget vs. Actual Costs. Anlage zum Leitfaden zur Berichterstattung, gefunden unter: http://www.kowi.de/rp/download/appendix_1-4_en.pdf

Rechnungshof hat in seinem Sonderbericht über die Verwaltung indirekter FTE-Aktionen des 5. RP vorgeschlagen, nur ein einziges Kostenerstattungssystem für alle Projektteilnehmer anzuwenden.[144] Dieser Vorschlag hätte zunächst für das Konsortium den Vorteil, dass die Kosten aller am Projekt beteiligten Partner nach den gleichen Regeln eines einzigen Kostenerstattungssystems ermittelt werden müssten, was zu einer gewissen Transparenz der Kostenermittlung innerhalb des Konsortiums führen würde. Da nun aber jeder Partner selbst seine eigenen Kosten nachhalten und ermitteln muss, hätte die Einführung nur eines Kostenerstattungssystems keine Steigerung der administrativen Effizienz europäischer FRP aus Sicht der Projektkonsortien zur Folge. Es könnten dadurch lediglich Fehler bei der Wahl des Kostenerstattungssystems vermieden werden, die aber ohnehin nicht häufig auftreten. Zudem wäre durch die Einführung eines einheitlichen europäischen Buchführungssystems zu befürchten, dass sehr detaillierte und hoch entwickelte nationale Buchführungssysteme mit all ihren Vorteilen keine Berücksichtigung mehr finden könnten, weil sich dieses einheitliche europäische Buchführungssystem an niedrigen Abrechnungsstandards orientieren muss. Im Extremfall wäre für einige Projektteilnehmer die Folge der Einführung eines einfachen Buchführungssystems, dass sie nicht mehr alle Kosten wie gewohnt erfassen und abrechnen könnten.

Im 5. FRP erfolgte eine Aufteilung der Kosten in zehn verschiedene Kostenkategorien, was die Abrechnung der Kosten für die Konsortien erheblich erschwerte und darüber hinaus nicht zu der erhofften Transparenz der Kostennachweise führte. Im 6. FRP sind Kostenkategorien zunächst komplett abgeschafft worden. Dies erleichtert im 6. FRP den Projektkonsortien ganz erheblich die Erstellung der Kostennachweise, weil ohne Kostenkategorien alle Kosten der einzelnen Partner nach den entsprechenden Regeln der nationalen Buchführungsgrundsätze abgerechnet und ausgewiesen werden können. Da bei jedem Projektpartner Projektcontrollingsysteme nach den Regeln der nationalen Buchführungssysteme etabliert sind, müssen keine Sonderabrechnungsmodalitäten eingeführt und berücksichtigt werden, was erhebliche Personaleinsparungen bei allen Projektpartnern zur Folge hat. Hier ist also eine Steigerung der administrativen Effizienz des 6. FRP auf Seiten der Projektkonsortien zu verzeichnen.

Diese festgestellte Effizienzsteigerung wird ein wenig durch die tatsächlich von der Kommission geforderten Abrechnungsnachweise gedämpft. Die Tabelle 3 als Anlage zum Leitfaden zur Berichterstattung im 6. FRP verlangt nun doch eine Ausweisung sämtlicher Projektkosten nach drei bzw. vier Kostenkategorien.[145] Da es sich aber um Kostenkategorien wie Personalkosten, weitere Hauptkosten und sonstige Kosten handelt, die in fast jedem Buchführungssystem als solche geführt

---

[144] Europäischer Rechnungshof: Sonderbericht über die Verwaltung indirekter FTE-Aktionen des 5. RP, S. 12

[145] Table 3: Budget vs. Actual Costs. Anlage zum Leitfaden zur Berichterstattung, gefunden unter: http://www.kowi.de/rp/download/appendix_1-4_en.pdf

werden, kann immer noch von einer Steigerung der administrativen Effizienz des
6. FRP im Sinne der Projektkonsortien ausgegangen werden.

Zusammenfassung:

In regelmäßigen Abständen müssen von allen Projektpartnern eines Konsortiums
Kostennachweise erstellt werden, die als Grundlage für Auszahlungen der Kommission dienen und die von eben dieser auch vor Überweisung der Gelder geprüft
werden müssen. Die Pflicht zur Erstellung von Kostennachweisen lässt sich genau wie die Berichtspflicht aufgrund der europäischen Haushaltsgrundsätze wie
dem Grundsatz der Wirtschaftlichkeit und dem Grundsatz der Transparenz nicht
aufheben. Auch die Verlängerung der Erstellungsintervalle von Kostennachweisen
verspricht keinen durchschlagenden Erfolg für die Steigerung der administrativen
Effizienz europäischer FRP, weil das Projektcontrolling unabhängig von Terminen
zur Einreichung von Kostennachweisen ohnehin sämtliche Kosten erfassen muss,
um jederzeit einen Überblick über den Projektstatus zu haben. Die Kostennachweispflicht an sich weist somit keine Möglichkeiten zur Steigerung der administrativen
Effizienz europäischer FRP auf.

Im Gegensatz dazu beeinflusst die Art, der Aufbau und die Komplexität der Kostenerstattungssysteme europäischer FRP ganz erheblich deren Effizienz. Die
wesentlichen Bestandteile der Abrechnungssysteme europäischer FRP sind die
Kostenerstattungssysteme und die verschiedenen Kostenkategorien.

Da im 6. FRP im Wesentlichen die drei Kostenerstattungssysteme des 5. FRP Anwendung finden, ergab sich in diesem Punkt keine Steigerung der administrativen
Effizienz des 6. FRP für die Kommission und für das Konsortium. Die Einführung
nur eines einzigen Kostenerstattungssystems, wie vom Europäischen Rechnungshof
angeregt, wäre vermutlich weder für die Kommission noch für die Projektkonsortien umsetzbar und hätte neben vermutlichen Vorteilen aufgrund der Anwendung
derselben Abrechnungsregeln von allen Projektteilnehmern doch auch Nachteile.

Im 5. FRP gab es noch zehn verschiedene Kostenkategorien, die im 6. FRP zunächst abgeschafft wurden. Für die Kommission bewirkte die Abschaffung der Kostenkategorien eine Unübersichtlichkeit und fehlende Transparenz der Kostennachweise. Somit verringerte sich der Prüfungsaufwand der GD nicht und das Personal
der GD wurde auch nicht entlastet.

Für die Projektkonsortien war die Abschaffung aller Kostenkategorien sehr vorteilhaft, weil sich nun die einzelnen Partner an den Gegebenheiten der nationalen
Buchführungssysteme orientieren konnten und nicht mehr gezwungen waren, ein
zusätzliches europäisches Buchführungssystem zu etablieren. Allerdings wird nun
doch tatsächlich laut Tabelle 3 des Leitfadens zur Berichterstattung im 6. FRP eine
Ausweisung der Kosten nach vier Kostenkategorien von der Kommission verlangt,
um die fehlende Vergleichbarkeit und Transparenz zwischen den Kostennachweisen
aller Projektbeteiligten wieder herzustellen.

Zusammenfassend ist zum Abrechnungssystem des 6. FRP festzustellen, dass durch die Wiedereinführung von vier Kostenkategorien für die Kommission eine leichte Steigerung der administrativen Effizienz des 6. FRP durch geringfügige Personalentlastung erreicht werden konnte. Für die Projektkonsortien ist die Steigerung der administrativen Effizienz des 6. FRP als hoch einzustufen, weil nun nur noch vier statt zehn Kostenkategorien verwaltet werden müssen, die sich zudem aus den nationalen Buchführungssystemen ergeben.

Zusätzlich ist anzumerken, dass die Kommission die in den Kostennachweisen ausgewiesenen Projektkosten nur im Hinblick auf deren Wirtschaftlichkeit und Transparenz überprüft, da sie sich die Rechtmäßigkeit der abgerechneten Kosten und deren Übereinstimmung mit den vertraglichen Regelungen von einem Wirtschaftsprüfer durch ein Auditzertifikat bestätigen lässt. Das Thema der Auditzertifikate wird unter dem Punkt Zahlungsmodalitäten analysiert.

6.1.4 Zahlungsmodalitäten

Administrative Effizienzsteigerungen im 6. FRP aus Sicht der Europäischen Kommission:

Von der Kommission ist im 6. FRP als neue Regelung eingeführt worden, dass die für die Durchführung eines Projektes entstandenen Kosten von einem Wirtschaftsprüfer durch ein Auditzertifikat bescheinigt werden müssen.[146] Zum einen wird durch das Auditzertifikat der Kommission die Einhaltung der vertraglichen Bestimmungen bestätigt und zum anderen attestiert der Wirtschaftsprüfer, dass die geltend gemachten Kosten nach den einschlägigen nationalen Buchführungsgrundsätzen ermittelt wurden.

Somit kann an dieser Stelle deutlich festgestellt werden, dass sämtliche Projektkosten durch Wirtschaftsprüfer geprüft werden. Deren Richtigkeit wird der Kommission durch das auszustellende Auditzertifikat beurkundet. Die Kommission hat damit den kompletten Prüfungsaufwand für die endgültige Anerkennung sämtlicher Projektkosten von den GD auf nationale Prüfstellen verlagert, wobei aber den GD immer noch ein Prüfrecht für sämtliche Projekte des 6. FRP vorbehalten bleibt.

Auch an dieser Stelle ist abermals festzustellen, dass die Kommission den von sich ausgelagerten, zusätzlichen Prüfaufwand für das Konsortium bzw. die nationalen Prüfstellen im Rahmen der Tätigkeiten für das Management des Konsortiums bezahlen muss.

Somit hat hier zwar wieder eine Entlastung des Personals der GD stattgefunden, die aber wiederum mit einer gleichzeitigen Belastung der finanziellen Ressourcen der GD einhergeht.

---

[146] Artikel 14 Abs. 1 Satz 2 der Beteiligungsregeln zum 6. FRP, Abl. 2002/L 355/23, S. 30

Administrative Effizienzsteigerungen im 6. FRP aus Sicht der Projektkonsortien:

Von allen Projektpartnern eines europäischen Forschungsprojektes im Rahmen des 6. FRP ist zur Bestätigung der Rechtmäßigkeit der abgerechneten Kosten der Kommission ein Auditzertifikat eines Wirtschaftsprüfers vorzulegen. Im 5. FRP musste die Kommission die eingereichten Kostennachweise vor Auszahlung des Gemeinschaftsbeitrages auf ihre Rechtmäßigkeit hin überprüfen.

Da die Überprüfung durch einen Wirtschaftsprüfer gewisser Vorbereitungsarbeiten auf Seiten aller Projektpartner bedarf, ist hier festzustellen, dass bei den Projektteilnehmern am 6. FRP ein gewisser zusätzlicher personeller Aufwand erforderlich wird. Allerdings würden vermutlich die Vorbereitungen für eine Überprüfung durch die Kommission mehr personellen Aufwand verursachen. Der Vorteil der Einführung von Auditzertifikaten liegt für die Konsortien nun auch noch darin, dass von der Kommission grundsätzlich nationale Buchführungsgrundsätze als Abrechnungsgrundlage akzeptiert werden. Es müssen also keine EU-spezifischen zusätzlichen Abrechnungsmodalitäten mehr berücksichtigt werden, sondern jeder Projektpartner kann das bei ihm vorhandene nationale Buchführungssystem nutzen. Dies erleichtert nun wiederum den Konsortien die Abrechnung der projektspezifischen Kosten gegenüber der Kommission.

Zusammenfassend bewirkte also diese Neuregelung aus Sicht der Konsortien aufgrund der Anerkennung der nationalen Buchführungsgrundsätze eine geringfügige Steigerung der administrativen Effizienz des 6. FRP.

Zusammenfassung:

Eine Neuerung im 6. FRP ist die Einführung von Auditzertifikaten. Durch die Auditzertifikate bestätigen Wirtschaftsprüfer der Kommission die Rechtmäßigkeit und die Richtigkeit der im Projekt abgerechneten Kosten.

Da im 5. FRP die Prüfung der Rechtmäßigkeit und Richtigkeit der abgerechneten Kosten von der Kommission vor Auszahlung der Gelder selbst vorgenommen werden musste, hat an dieser Stelle eine deutliche Entlastung des Personals der GD stattgefunden. Andererseits hat sich die Kommission dazu verpflichtet, die Kosten für die Auditzertifikate und den Wirtschaftsprüfer im Rahmen der Tätigkeiten zum Management des Projektes zu 100 % zu erstatten.

Für die Konsortien besteht der große Vorteil der Auditzertifikate darin, dass grundsätzlich nach nationalen Buchführungsgrundsätzen abgerechnet werden kann und keine gesonderten europäischen Abrechnungsstandards eingehalten werden müssen. Das erleichtert das Projektcontrolling für jeden Projektpartner. Es findet also eine Entlastung von Personal auf Seiten der Projektkonsortien statt und deswegen kann von einer Erhöhung der administrativen Effizienz des 6. FRP auch für die Projektkonsortien gesprochen werden.

Mit dem Geld für die Auditzertifikate und die Wirtschaftsprüfer hätte nun auch zusätzliches Personal in den GD eingestellt werden können. Aber wie schon bereits beim Projektmanagement festgestellt wurde, gibt es zunächst große Probleme für die GD, entsprechend qualifiziertes Personal zu akquirieren und zudem ist das Personal der GD auch teurer als die notwendigen Gelder für die Ausstellung eines Auditzertifikates durch einen Wirtschaftsprüfer. Darüber hinaus würde der Vorteil der Anwendung von nationalen Buchführungsregeln für die Projektkonsortien verloren gehen.

Zusammenfassend haben die Auditzertifikate für die Kommission eine Effizienzsteigerung bewirkt, weil der Prüfaufwand für die letztendliche Anerkennung der Kosten von externem Personal wahrgenommen wird. Diesen Aufwand muss die Kommission zwar bezahlen, was aber einfacher und günstiger ist, als weiteres Personal für die GD zu gewinnen. Außerdem ist mit den Auditzertifikaten für die Projektkonsortien der Vorteil der Anerkennung nationaler Buchführungsregeln verbunden, was zu einer Erhöhung der administrativen Effizienz des 6. FRP auch für die Konsortien geführt hat.

6.1.5 Weitere Effizienzsteigerungsmöglichkeiten

Effizienzsteigerungsmöglichkeiten aus Sicht der Europäischen Kommission:
Vom Europäischen Rechnungshof ist in seinem Sonderbericht über die Verwaltung indirekter FTE-Aktionen des 5. RP festgestellt worden, dass im 5. FRP die sieben spezifischen Programme von fünf unterschiedlichen GD verwaltet werden. Dies führt zur Verwässerung von Zuständigkeiten, zu Funktionsüberschneidungen und zu verstärktem Koordinierungs- und Konsultationsbedarf. Darüber hinaus spiegelt diese Organisationsstruktur nicht angemessen die aus Leitaktionen zusammengesetzte Grundkonzeption europäischer FRP wieder.[147]
Es wurde ebenfalls vom Europäischen Rechnungshof festgestellt, dass die Rechtsvorschriften in den beteiligten GD unterschiedlich ausgelegt wurden.[148] Bezüglich der aufgeführten Aspekte sind auch im 6. FRP keine Veränderungen zu beobachten.
Zur Lösung dieser Probleme und zur Steigerung der Effizienz der Verwaltung europäischer FRP auf Seiten der GD hat bereits der Europäische Rechnungshof in seinem Sonderbericht über die Verwaltung indirekter FTE-Aktionen des 5. RP mehrere Vorschläge unterbreitet, die durchaus aufgegriffen werden können.
Der Europäische Rechnungshof geht bei seinen Überlegungen davon aus, dass europäische FRP grundsätzlich als „eigenständige" Programme angelegt sind, was auch in der Organisationsstruktur der Kommission seinen Niederschlag finden sollte.[149]

---

[147] Europäischer Rechnungshof: Sonderbericht über die Verwaltung indirekter FTE-Aktionen des 5. RP, S. 2 und S. 31

[148] Europäischer Rechnungshof: Sonderbericht über die Verwaltung indirekter FTE-Aktionen des 5. RP, S. 10 und S. 31

[149] Europäischer Rechnungshof: Sonderbericht über die Verwaltung indirekter FTE-Aktionen des 5. RP, S. 32

Um diesem Punkt gerecht zu werden, sollten seiner Ansicht nach alle operativen Tätigkeiten eines FRP in einer einzigen Organisationseinheit zusammengeführt werden. Er schlägt zur Umsetzung zwei Varianten vor:

- **Alternative 1:** sowohl die operativen Aspekte als auch die politiknahen Belange werden in einer GD „Forschung" zusammengefasst,
- **Alternative 2:** neben der operativ tätigen GD „FTE-Rahmenprogramme" wird eine GD „Forschungspolitik" eingerichtet.[150]

Problematisch an diesem Vorschlag des Europäischen Rechnungshofes ist nun die Intention der Kommission, die darin besteht, dass die Kommission mit der Verwaltungsreform ihrer Dienststellen gerade erst eine Dezentralisierung von Aufgaben und dadurch eine Aufwertung ihrer Verwaltungen bezweckt hat.[151] Aus Sicht der Kommission besteht das Hauptprinzip der Organisation der Verwaltung europäischer FRP darin, die Optimierung der Unterstützung der vorrangigen Politikziele und entsprechende Synergieeffekte zu erreichen. Der Umfang und die wissenschaftliche Vielfalt europäischer FRP setzen notwendigerweise eine Organisationsstruktur mit entsprechend spezialisierten Stellen voraus. Allerdings bedarf es auch aus Sicht der Kommission einer regelmäßigen, gut organisierten und im 6. FRP verstärkten Koordination. Um nun die Koordinierung im 6. FRP tatsächlich zu verbessern, hat die Kommission im Rahmen der Aktion 1 des Aktionsplans für die Überwachung der jährlichen Tätigkeitsberichte 2001 eine dienststellenübergreifende Gruppe eingesetzt, die die Kohärenz bei der Vertragsauslegung und den Austausch guter Praktiken unterstützen soll. Weiterhin hat die Kommission ein „Bewertungshandbuch" verabschiedet, um transparentere und einheitlichere Verfahren von der Prüfung der Vorschläge bis zur Abfassung der Verträge zu gewährleisten.[152]
Zum einen ist zusammenfassend festzustellen, dass in dem Punkt der Verwaltungsstrukturierung der Kommission der politische Aspekt des Aufbaus der GD wichtiger ist, als ökonomische Effizienzbetrachtungen in den Vordergrund zu stellen. Deswegen ist die Kommission auch nicht auf die Vorschläge des Europäischen Rechnungshofes bezüglich der Neustrukturierung der GD eingegangen. Allerdings hat auch die Kommission die Notwendigkeit einer verstärkten Kooperation der operativen Einheiten der verschiedenen GD erkannt und erste Schritte eingeleitet. Ein guter erster Schritt in die richtige Richtung ist, dass eine organisationsübergreifende Gruppe nach Best-Practice-Beispielen für gutes und effizientes Vertragsmanagement sucht und nach diesen Vorbildern einheitliche Verwaltungsvorgaben für alle GD entwickelt. Das

---

[150] Europäischer Rechnungshof: Sonderbericht über die Verwaltung indirekter FTE-Aktionen des 5. RP, S. 32 – 33

[151] Europäischer Rechnungshof: Sonderbericht über die Verwaltung indirekter FTE-Aktionen des 5. RP, S. 3

[152] Europäischer Rechnungshof: Sonderbericht über die Verwaltung indirekter FTE-Aktionen des 5. RP, S. 54 und S. 58

von der Kommission bereits angenommene „Bewertungshandbuch" dürfte dann aber nicht nur Verfahren von der Prüfung der Vorschläge bis zur Abfassung der Verträge umfassen, sondern müsste in diesem Zusammenhang um Verfahren zur einheitlichen Vertragsauslegung und des effizienten Projektcontrollings ergänzt werden. Hier könnte es sinnvoll sein, eine zentrale Servicefunktion „Verfahrens- und Rechtsberatung" für alle GD einzurichten, um abweichende Auslegungen der Vertragspflichten und der Vorschriften über die Erstattungsfähigkeit von Kosten durch die verschiedenen GD zu vermeiden. Diese zentralen Servicefunktionen sollten z.B. in den Bereichen Verfahrens- und Rechtsberatung, Controlling und Berichtwesen etabliert werden.[153] Dies war bereits ein Vorschlag des Europäischen Rechnungshofes in seinem Sonderbericht über die Verwaltung indirekter FTE-Aktionen des 5. RP der an dieser Stelle durchaus als sinnvoll erachtet und aufgegriffen werden kann, wenn schon die Einrichtung einer einzigen GD zur Abwicklung europäischer FRP zur Effizienzsteigerung für die Kommission aus politischen Gründen nicht in Frage kommt.

Ein weiteres Problem, was zu Schwierigkeiten bei der Abwicklung europäischer FRP führt, sind die doch recht langen Projektlaufzeiten europäischer Forschungsprojekte. Die Laufzeiten europäischer Forschungsprojekte liegen zwischen 36 und 48, teilweise sogar bis zu 60 Monaten und noch länger. Dies führt dazu, dass Projekte aus verschiedenen FRP mit unterschiedlichen Verwaltungs- und Finanzvorschriften von den gleichen Mitarbeitern parallel verwaltet werden müssen.[154] Hier könnte eine Entlastung erreicht werden, wenn eigens für die Abwicklung fortzuführender FRP eingerichtete Referate die Aufgabe des Abschlusses noch laufender FRP übernehmen würden. Dies hätte den enormen Vorteil, dass nicht dieselben Mitarbeiter mehrere Finanzsysteme bei der Abwicklung von Projekten aus verschiedenen FRP gleichzeitig berücksichtigen müssten, sondern dass sich die Mitarbeiter der entsprechenden Referate auf die jeweils geltenden Finanzvorschriften des abzuwickelnden FRP spezialisieren könnten.

Effizienzsteigerungsmöglichkeiten aus Sicht der Projektkonsortien:
Auf europäischer Ebene gibt es seit geraumer Zeit Bemühungen zur Schaffung transeuropäischer Strukturen. So wird z.B. die Einrichtung und der Ausbau von europaweiten Infrastrukturnetzen in Form der sogenannten Transeuropäischen Netze (TEN) unterstützt. Darüber hinaus werden europäische technologische Initiativen zur Schaffung europäischer Technologieplattformen gestartet.[155]
Diese Bestrebungen kommen den Projektkonsortien insofern zugute, als dass da-

---

[153] Europäischer Rechnungshof: Sonderbericht über die Verwaltung indirekter FTE-Aktionen des 5. RP, S. 11 und S. 32

[154] Europäischer Rechnungshof: Sonderbericht über die Verwaltung indirekter FTE-Aktionen des 5. RP, S. 11

[155] Europäische Kommission: Wissenschaft und Technologie: Schlüssel zur Zukunft Europas, S. 12 und S. 6

durch die europaweit zu beobachtenden Regionalisierungstendenzen auch im Rahmen europäischer FRP zu beobachten sind und genutzt werden können. Die Europäische Kommission ist für viele Projektkonsortien doch immer noch sehr abstrakt und sehr weit entfernt von den eigentlichen Forschungsorten. Die Kooperation mit Brüssel gestaltet sich während des Projektverlaufes teilweise sehr schwierig, da auch für die einzelnen GD die über ganz Europa verteilten Projekte sehr weit weg sind. Somit wäre es für die Projektkonsortien sehr vorteilhaft, wenn Projektverwaltungsbehörden direkt vor Ort verfügbar wären.

Dies ließe sich z.B. sehr gut im Rahmen europäischer Projektträgerschaften umsetzen. Als Vorstufe dazu könnten die Vernetzungsbestrebungen und die Stärkung der Projektkoordinatoren im 6. FRP angesehen werden. Aus der Vernetzung einzelner Forschungsthemenbereiche und den etablierten Projektkoordinatoren könnten im nächsten Schritt zunächst die europäischen Technologieplattformen hervorgehen. Diese wiederum könnten ihrerseits dann immer mehr Verwaltungsaufgaben von der Kommission für die jeweiligen spezifischen Forschungsschwerpunkte übernehmen. Aus diesen Strukturen könnten sich dann nachgeordnete europäische Verwaltungseinheiten ähnlich wie die in Deutschland bekannten Projektträgerschaften entwickeln. Eine wichtige Voraussetzung für europäische Projektträgerschaften müsste allerdings noch geschaffen werden. Da bekannt ist, dass selbst die verschiedenen GD die administrativen Anforderungen europäischer FRP unterschiedlich auslegen, müssten von der Kommission für die Projektträger standardisierte, verbindliche administrative Rahmenbedingungen mit nur einem sehr geringen Ermessensspielraum zur Abwicklung europäischer FRP vorgegeben werden, damit alle regionalen Projektträger die europäischen Forschungsprojekte nahezu identisch abwickeln können. Die in Brüssel ansässigen zahlenmäßig überschaubaren GD haben eventuell noch die Möglichkeit, sich kurzfristig zu bestimmten administrativen Angelegenheiten abzustimmen. Diese Möglichkeit bestünde für die vielen regional europaweit verteilten Projektträger nicht mehr.

Zusammenfassung:
Durch die Schaffung einer GD zur Abwicklung europäischer FRP ließen sich aufgrund der Auflösung sich überlappender Funktionen zusätzliche Effizienzgewinne erzielen, aber die Umsetzung dieser Option ist für die Kommission politisch nicht denkbar. Hier steht für die Kommission die politische Unterstützung durch entsprechend spezialisierte GD im Vordergrund. Allerdings könnten die Etablierung gewisser Servicefunktionen und die Verbreitung von Best-Practice-Beispielen zum effizienten Vertragsmanagement gewisse Personalentlastungen nach sich ziehen. Dies würde eine wirtschaftliche Effizienzsteigerung eventuell im 7. FRP bewirken, da im 6. FRP nur in kleinerem Umfang auf diese Vorschläge eingegangen worden ist. Die Einrichtung der ressortübergreifenden Gruppe zum Austausch guter Praktiken und die Verabschiedung des „Bewertungshandbuches" haben noch keine wirtschaftliche Effizienzsteigerung im 6. FRP bewirken können.

Durch gewisse Maßnahmen werden im 6. FRP die europaweit zu beobachtenden Regionalisierungstendenzen aufgegriffen. Aus diesen Regionalisierungstendenzen könnten sich in der Zukunft europäische Projektträgerschaften entwickeln. Dies ist für die Kommission administrativ effizient, weil sie an diese Organisationen weitere Verwaltungsaufgaben zu Gunsten einer Entlastung des eigenen Personals abgeben könnte. Für die Projektkonsortien würde sich der administrative Aufwand dahingehend einschränken lassen, dass Abstimmungsprozesse bei den Projektträgern regional vor Ort wahrgenommen werden könnten und nicht über die GD in Brüssel abgewickelt werden müssten.

6.1.6   Fazit

Für die Kommission ergaben sich in fast allen betrachteten Punkten Effizienzsteigerungen im 6. FRP unter dem Aspekt der Wirtschaftlichkeitsbetrachtung, da das Personal der GD weitestgehend entlastet werden konnte. Zwar muss die Kommission die Personalentlastung bezahlen und so ihre finanziellen Ressourcen belasten, aber die Personalentlastung ist immer noch höher als die Belastung der finanziellen Ressourcen, so dass unter dem Strich für die Kommission eine Steigerung der administrativen Effizienz des 6. FRP festzuhalten ist.
Die Projektkonsortien hingegen wurden nur geringfügig durch einige Vorteile personell entlastet. Es erfolgte sogar eine Belastung der personellen Projektressourcen durch die Kommission, welche diesen Mehraufwand aber auch wieder ausgeglichen hat. Für die Projektkonsortien gab es also nur ganz minimale wirtschaftliche Effizienzsteigerungen im 6. FRP durch die Einsparung personeller Ressourcen. Bei den Konsortien ist eher die Unterstützung der Wirksamkeit des Zielerreichungsgrades des 6. FRP durch die Übernahme von Projektverantwortung für die motivierte Durchführung innovativer Forschungsprojekte zu beobachten. Diese Wirksamkeitskontrolle der administrativen Effizienz des 6. FRP soll im nächsten Abschnitt genauer analysiert werden.

6.2   Wirksamkeitskontrolle des Zielerreichungsgrades der administrativen Effizienz des 6. Forschungsrahmenprogramms

Wie im Kapitel 2 bereits beschrieben wurde, gehört zu einer Effizienzbetrachtung nicht nur die Analyse der wirtschaftlichen Aspekte, sondern auch die Auswertung der Wirksamkeit der Maßnahmen im Hinblick auf die Erreichung definierter politischer Ziele. Die politischen Ziele, die speziell für europäische FRP betrachtet werden sollen, sind unter Punkt 2.1.2 von der Lissabon-Strategie für Wachstum und Beschäftigung abgeleitet worden.

6.2.1 Erreichung des Zieles 1: Erhöhung der Attraktivität des Europäischen Forschungsraumes für Spitzenwissenschaftler

Zunächst sollen die Auswirkungen der administrativen Effizienz des 6. FRP auf das erste Ziel der Erhöhung der Attraktivität des Europäischen Forschungsraumes für Spitzenwissenschaftler betrachtet werden.

Zum gegenwärtigen Zeitpunkt verlassen viele junge Hochschulwissenschaftler Europa, um in den USA forschen zu können, und Europa zieht zu wenig gute Forscher aus anderen Teilen der Erde an. Darum ist es extrem wichtig, administrative Hemmschwellen abzubauen, was sich nun zwar in erster Linie auf Mobilitätsunterstützung von guten Wissenschaftlern bezüglich der Anerkennung von Sozialversicherungsansprüchen, Bildungsabschlüssen und auf die Beschleunigung von Arbeitserlaubnis- und Visaverfahren bezieht, aber was auch nicht bei der Durchführung von Forschungsprojekten vernachlässigt werden darf.[156]

Grundsätzlich muss aus den vorgenannten Feststellungen die Schlussfolgerung gezogen werden, dass bürokratische Anforderungen bei der administrativen Projektdurchführung nicht wirklich beseitigt werden konnten. Aber mit der Einführung der „Kollektiven Verantwortlichkeit" für die technische Projektdurchführung und die somit auf den Projektkoordinator übertragene Verantwortung für die Projektabwicklung ist es der Kommission gelungen, FuE-Projekte flexibler handhaben zu können und vom Konsortium, den Projektdurchführenden, steuern zu lassen.[157] Auch die Einführung der Auditzertifikate und die damit verbundene Anerkennung der nationalen Buchführungsgrundsätze sowie die Vereinfachung des Abrechnungssystems im 6. FRP erleichtern den Projektbeteiligten die Abrechnung der vorhabensspezifischen Kosten. Somit wird es für Spitzenwissenschaftler bereits wieder attraktiver, Gelder aus der europäischen Forschungsförderung für innovative Vorhaben zu akquirieren.

Obwohl noch viel mehr für die Erhöhung der Attraktivität des Europäischen Forschungsraumes für Spitzenwissenschaftler getan werden muss, sind im 6. FRP bereits die richtigen Ansätze zum Abbau bürokratischer Anforderungen bei der Abwicklung von europäischen FRP unternommen worden, was Spitzenwissenschaftler wieder ermutigt, europäische Forschungsgelder für ihre Projekte zu beantragen. Dies ist der Beitrag des 6. FRP zur Erhöhung der Attraktivität des Europäischen Forschungsraumes für Spitzenwissenschaftler.

---

[156] Hochrangigen Sachverständigengruppe unter Vorsitz von Wim Kok: Die Herausforderung annehmen – Die Lissabon-Strategie für Wachstum und Beschäftigung, S. 23–24

[157] High-Level Expert Panel chaired by Professor Ramon Marimon: Evaluation of the effectiveness of the New Instruments of Framework Programme VI, S. 72

6.2.2 Erreichung des Zieles 2: Stärkung von Forschung und Entwicklung zu einer absoluten Priorität

Es wird schon wesentlich schwieriger, Auswirkungen der administrativen Effizienz des 6. FRP auf die Erreichung des Zieles 2 der Stärkung der Forschung und Entwicklung zu einer absoluten Priorität erkennen zu können.

Bei diesem Ziel stehen die Erhöhung privater und öffentlicher FuE-Ausgaben, die Förderung europaweiter öffentlicher und privater und öffentlich-privater Forschungspartnerschaften sowie die bessere und langfristige Koordinierung der Grundlagenforschung durch einen Europäischen Forschungsrat im Mittelpunkt.[158]

Durch die personelle Entlastung der GD durch die Abgabe der Projektverantwortung an die Konsortien und andere bereits abgehandelte administrative Erleichterungen für die Kommission ist es dieser nun möglich, mit den verfügbaren personellen Ressourcen mehr, bessere und größere Forschungsprojekte als in den vergangenen FRP durchführen zu können. Hinzu kommt, dass die Projektkonsortien durch die Übernahme der Projektverantwortung erheblich gestärkt und zu innovativen Hochleistungen motiviert wurden. Durch die Stärkung der Projektkonsortien wird auch gleichzeitig der Effekt erzielt, dass sich die so entstehenden Forschungsverbindungen stabilisieren und zu europaweiten Forschungsnetzwerken etablieren.

Somit unterstützt die administrative Struktur des 6. FRP auch das Ziel der Stärkung der Forschung und Entwicklung zu einer absoluten Priorität.

Der Zielerreichungsgrad der administrativen Effizienz des 6. FRP ist nicht enorm hoch. Aber das Teilsystem der administrativen Struktur des 6. FRP unterstützt auch die Erreichung der zwei vorgenannten, aus der Lissabon-Strategie für Wirtschaft und Beschäftigung abgeleiteten, Ziele. Denn die Nutzerfreundlichkeit in Bezug auf die administrativen Rahmenbedingungen europäischer FRP entscheidet auch maßgeblich über die Akzeptanz und damit den Erfolg dieser FRP.[159]

6.3 Ausblick auf das 7. Forschungsrahmenprogramm

Die Diskussionen zum 7. FRP sind bereits auf allen Ebenen in vollem Gange. Die Kommission befasst sich schon seit einiger Zeit mit dem Thema der Implementierung des 7. FRP. Diese Überlegungen wurden im Nachgang zum Bericht des Highlevel Expert Panel unter dem Vorsitz von Professor Ramon Marimon zur Evaluation

---

[158] Hochrangigen Sachverständigengruppe unter Vorsitz von Wim Kok: Die Herausforderung annehmen – Die Lissabon-Strategie für Wachstum und Beschäftigung, S. 25
[159] Bundesministerium für Bildung und Forschung: Kernforderungen der Bundesregierung an das 7. FRP, S. 6

der neuen Förderinstrumente des 6. FRP von der Kommission noch intensiviert. In diesem Zusammenhang hat die Kommission auch einen Konsultationsprozess zur Gestaltung des 7. FRP zwischen allen an europäischen FRP Mitwirkenden ins Leben gerufen.[160]

Aus allen zur Diskussion zum 7. FRP verfügbaren Dokumenten können folgende Haupterkenntnisse entnommen werden:

Wichtig ist auch im 7. FRP eine Kontinuität in Bezug auf die neu eingeführten und die traditionellen Förderinstrumente, um neue Rechtsunsicherheiten, Auslegungsschwierigkeiten und weitere Irritationen bei den Beteiligten zu vermeiden.[161] Gleiches gilt auch für die im 6. FRP eingeführten Neuerungen bei den administrativen Randbedingungen zur Abwicklung europäischer FRP. An dieser Stelle werden aber von der Kommission, wie von den an europäischen FRP Mitwirkenden gefordert, weitere Korrekturen und Vereinfachungen im Rahmen des angeregten Konsultationsprozesses angestrebt. Die Kommission hat eingesehen, dass die administrative Belastung der Teilnehmer an europäischen FRP weiter verringert werden muss, ohne dass die erforderliche Transparenz in Bezug auf die Verwendung der öffentlichen Gelder gefährdet ist.[162]

Diese Forderungen nach Kontinuität bei den Förderinstrumenten und weiteren Bemühungen zum Abbau bürokratischer Anforderungen werden ebenfalls von der deutschen Bundesregierung unterstützt.[163]

Die Kommission bemüht sich bereits schon zum jetzigen Zeitpunkt, administrative Erleichterungen, die für das 7. FRP zur Umsetzung vorgesehen sind, im weiteren Verlauf des 6. FRP zu testen. So soll z.B. zur Harmonisierung der Interpretation sämtlicher Vertragsbestimmungen und zur Klarstellung der Anwendbarkeit und der Ziele der Förderinstrumente ein „Legal Help Desk" zur Beantwortung diesbezüglicher Fragen der Projektteilnehmer eingeführt werden. Zum anderen sollen Schulungen für das Personal der GD, die die Projekte auf Kommissionsseite betreuen, vorgenommen werden.[164] Andere administrative Veränderungen vom

---

[160] http://europa.eu.int/comm/research/future/foresight/index_en.html

[161] High-level Expert Panel chaired by Professor Ramon Marimon: Evaluation of the effectiveness of the New Instruments of Framework Programme VI, S. 21 und S. 23 und Europäische Kommission: Mitteilung der Kommission im Anschluss an die Bemerkungen und Empfehlungen des hochrangigen Gremiums unabhängiger Sachverständiger zur Bewertung der Effizienz der neuen Instrumente des 6. FRP, Annex S. 3–4

[162] Europäische Kommission: Wissenschaft und Technologie: Schlüssel zur Zukunft Europas, S. 13 und High-level Expert Panel chaired by Professor Ramon Marimon: Evaluation of the effectiveness of the New Instruments of Framework Programme VI, S. 28 und Europäische Kommission: Mitteilung der Kommission im Anschluss an die Bemerkungen und Empfehlungen des hochrangigen Gremiums unabhängiger Sachverständiger zur Bewertung der Effizienz der neuen Instrumente des 6. FRP, S. 3–4

[163] Bundesministerium für Bildung und Forschung: Kernforderungen der Bundesregierung an das 7. FRP, S. 6

[164] Europäische Kommission: Mitteilung der Kommission im Anschluss an die Bemerkungen und

6. FRP zum 7. FRP sind zum jetzigen Zeitpunkt noch nicht vorgesehen, da der Konsultationsprozess zur Gestaltung des 7. FRP noch andauert und dann noch ausgewertet werden muss, bis daraus umsetzbare Vorschläge generiert werden können.

Europäischer Forschungsrat:
Bei der Wirtschaftlichkeitsbetrachtung der administrativen Effizienz des 6. FRP ist bereits angesprochen worden, dass durch die Verwaltung europäischer FRP nur durch eine einzelne GD eine erhebliche Verwaltungsvereinfachung und Entbürokratisierung durch einheitliche Projektverwaltungsstrukturen und identische Interpretationsweisen erreicht werden könnte. Diese Form der Verwaltung europäischer FRP ist aber aus politischen Gesichtspunkten von der Kommission abgelehnt worden und wurde für nicht umsetzbar erklärt.

Um nun auch dem Ziel der Stärkung der Forschung und Entwicklung zu einer absoluten Priorität noch näher zu kommen, ist von der Kommission das Konzept des „Europäischen Forschungsrates" (ERC – European Research Council) initiiert worden. Die Einrichtung eines solchen Forschungsrates zur Koordinierung und Finanzierung der Grundlagenforschung auf europäischer Ebene wird auch im Bericht der Hochrangigen Expertengruppe unter Vorsitz von Wim Kok zur Lissabon-Strategie für Wachstum und Beschäftigung angeregt.[165] Der ERC soll vor allen Dingen die Grundlagenforschung in allen Wissenschaftsdisziplinen fördern und auf europäischer Ebene bündeln. Die zu treffenden Entscheidungen sollen einzig und allein aufgrund der wissenschaftlichen Exzellenz der vorgeschlagenen Forschungsthemen fallen. Der ERC wird nur aus Wissenschaftlern und Wissenschaftlerinnen aus sämtlichen europäischen Forschungseinrichtungen bestehen.[166]

Zur Umsetzung dieses Konzeptes des ERC ist zum einen denkbar, dass dieser als Exekutivagentur zur Unterstützung der Kommission eingerichtet wird. Zum anderen könnte der ERC auch eine spezielle Struktur auf der Grundlage des Artikel 171 EGV erhalten, wie z.B. als Stiftung. Eine endgültige Entscheidung über die Struktur, die Funktionsweise und die Finanzierung des ERC ist bisher noch nicht getroffen worden.

Wichtig ist aber, dass bei der Konzipierung des ERC folgende Grundprinzipien beachtet werden:

Empfehlungen des hochrangigen Gremiums unabhängiger Sachverständiger zur Bewertung der Effizienz der neuen Instrumente des 6. FRP, Annex S. 22

[165] Hochrangige Sachverständigengruppe unter Vorsitz von Wim Kok: Die Herausforderung annehmen – Die Lissabon-Strategie für Wachstum und Beschäftigung, S. 25

[166] Europäische Kommission: Hin zu einem europäischen Forschungsraum, S. 14 und European Research Advisory Board: European Research Council und European Research Advisory Board: The European Research Council – A Possible Implementation Model und http://www.ursula-sowa.de/seiten/was_sie_will/Politikbereiche/Forschung/EU-forschungsrat.htm und http://www.fwf.ac.at/de/info-archiv/200304/european_research_council.html

- Überwachung durch die Wissenschaftsgemeinschaft,
- politische und finanzielle Zuständigkeit der Kommission,
- gemeinschaftlicher Charakter.[167]

Der ERC könnte als Bindeglied zwischen den verschiedenen, die europäischen FRP verwaltenden GD fungieren. Er könnte als politisch unabhängige Instanz bei förderpolitischen Entscheidungen allen GD aus rein wissenschaftlicher Sicht beratend zur Seite stehen. Somit wäre eine gewisse Kohärenz förderpolitischer Entscheidungen aller GD sichergestellt, die auf fundierten wissenschaftlichen Erkenntnissen beruhen. Ein solches Gremium wie der ERC trägt natürlich durch die Bündelung nationaler und europäischer Forschungsaktivitäten dazu bei, dass Forschung und Entwicklung zu einer absoluten Priorität in der EU gestärkt werden, denn gebündelte Ressourcen erzielen meist wirksamere Forschungsergebnisse unter teilweise effizienteren Randbedingungen.

Europäische Technologieplattformen:
Neben der gerade beschriebenen externalisierten Verwaltung europäischer Forschung verfolgt die Kommission auch das Prinzip der partnerschaftlichen Verwaltung über die Etablierung von Europäischen Technologieplattformen zu bestimmten Forschungsthemen. Diese partnerschaftliche Verwaltung durch die Mitgliedstaaten, die Forschungsakteure und die Kommission soll nun im 7. FRP verstärkt ausgebaut werden. Damit beabsichtigt die Kommission die Erreichung des Zieles, die Kohärenz der einzelstaatlichen und privaten Forschungsanstrengungen sowie der Technologiepolitik der Mitgliedstaaten weiter zu verbessern. Darüber hinaus soll eine kritische Finanzmasse in bestimmten Forschungsbereich aus europäischen, öffentlichen, nationalen und privaten Geldern mobilisiert werden.[168]

---

[167] Europäische Kommission: Wissenschaft und Technologie: Schlüssel zur Zukunft Europas, S. 13 und http://www.ursula-sowa.de/seiten/was_sie_will/Politikbereiche/Forschung/EU-forschungs-rat.htm

[168] Europäische Kommission: Wissenschaft und Technologie: Schlüssel zur Zukunft Europas, S. 12 und http://ww.cordis.lu/technology-platforms/

Zusammenfassend muss zunächst eindeutig darauf hingewiesen werden, dass die Ergebnisse dieser Masterarbeit in erster Linie auf theoretischen Erkenntnissen und offiziellen Regelungen beruhen und nur begrenzt durch empirische Daten gestützt werden. Grund dafür ist, dass das notwendige statistische Datenmaterial bisher nur zu bestimmten Themenkomplexen zur Verfügung stand und ausgewertet werden konnte. Darüber hinaus konnte in dieser Masterarbeit teilweise nur eine vereinfachte und pauschalierte Darstellung gewisser Sachverhalte ohne die Berücksichtigung von Sonderregelungen erfolgen. Letztendlich werden die erzielten Ergebnisse dieser Masterarbeit dadurch aber nicht negativ beeinflusst oder geschmälert.

Ausgangsthese:
Als Ausgangspunkt stand am Anfang dieser Arbeit die These, dass die mit den administrativen Veränderungen angestrebte Verwaltungsvereinfachung, Entbürokratisierung und Effizienzsteigerung des 6. FRP aufgrund weiterer Randbedingungen des 6. FRP nicht erreicht werden konnte.
Der Vergleich des 5. FRP mit dem 6. FRP hat ergeben, dass die GD ihr Personal weitgehend entlasten konnten, weil sie zum einen die Projektverantwortung an die Konsortien übertragen und zum anderen Prüfungsaufgaben an externe Beteiligte abgegeben haben.
Diese weitgehenden Entlastung der GD führte zu einer teilweisen Belastung der Projektkonsortien, wobei aber der durch das Projektmanagement und die Wahrnehmung der Projektverantwortung zusätzlich entstehende Aufwand von der Kommission nahezu ausgeglichen wird. Die bürokratischen Anforderungen an die Konsortien haben sich im 6. FRP ansonsten nur geringfügig verändert. Es konnte also für die Projektkonsortien nur eine minimale ökonomische Effizienzsteigerung im 6. FRP erreicht werden, aber der Zielerreichungsgrad des 6. FRP im Hinblick auf die Erreichung politischer Forschungsziele hat sich erhöht. Davon profitieren auch die Konsortien in der Hinsicht, dass FuE-Leistungen an Bedeutung gewinnen und FRP politisch mehr und auch großzügiger unterstützt werden.
Somit trifft für die Kommission die Ausgangsthese nicht zu. Sie hat durch die administrativen Neuregelungen des 6. FRP eine wirkliche interne Verwaltungsvereinfachung durch Verlagerung von Verantwortlichkeiten und Prüfungsaufwand erreicht.
Die Ausgangsthese kann aber auch für die Projektkonsortien nicht uneingeschränkt bestätigt werden.

Offene Fragen:
In dieser Masterarbeit konnte zum großen Themenkreis der administrativen Effizienz europäischer FRP nur ein kleines Teilspektrum an Problemkreisen erörtert

werden. Ausgehend vom definierten Effizienzsystem europäischer FRP wurde beispielhaft das 5. FRP mit dem 6. FRP verglichen und Schlussfolgerungen zur Effizienz der festgestellten Veränderungen gezogen. Aber selbst das Effizienzsystem hat noch nicht alle administrativen Aspekte europäischer FRP abdecken können. So konnte im Effizienzsystem z.B. das Antragsverfahren nicht mit berücksichtigt werden, weil diese Antragsverfahren zum einen sehr komplex und umfassend sind und zum anderen sollten zunächst Verwaltungsverfahren wie Vertrags- und Finanzierungsmodalitäten betrachtet werden, die für bereits laufende Forschungsprojekte relevant sind. Das Zustandekommen europäischer Forschungsprojekte und der damit verbundene Aufwand für die Kommission und die Projektkonsortien könnte aber ebenso nochmals als ein Punkt im Effizienzsystem europäischer FRP näher beleuchtet werden.

Darüber hinaus wurde in dieser Masterarbeit im Effizienzsystem europäischer FRP keine Unterscheidung nach den einzelnen Förderinstrumenten vorgenommen. Es ist ein allgemeiner Vergleich mit entsprechenden Schlussfolgerungen anhand der offiziellen politischen Dokumente als fundierte Datenbasis durchgeführt worden. Die differenzierte Betrachtung der unterschiedlichen neuen und traditionellen Förderinstrumente im Effizienzsystem europäischer FRP würde nochmals verfeinerte Vergleichergebnisse liefern, wobei sich aber trotzdem vermutlich ähnliche Schlussfolgerungen auch aus diesen differenzierten Vergleichsergebnissen wie aus den allgemeinen Vergleichergebnissen ergeben würden.

Dann könnten auch noch die verschiedenen GD und deren unterschiedlicher Umgang mit den Ermessenspielräumen im Rahmen der Durchführung und Abwicklung europäischer FRP genauer betrachtet werden. Der Europäische Rechnungshof hat in seinem Sonderbericht über die Verwaltung indirekter FTE-Aktionen des 5. FRP festgestellt, dass die in der Durchführungsverordnung festgelegten Verfahren und Vorschriften durch die GD uneinheitlich ausgelegt und angewandt werden.[169] An diesem Punkt könnte untersucht werden, wie die GD mit den Verwaltungsvorschriften umgehen, ob sich Best-Practice-Beispiele als Vorbild für alle GD finden lassen und inwieweit sich diese unterschiedlichen Vorgehensweisen der einzelnen GD vereinheitlichen lassen würden.

Weiterhin wäre auch ein durchaus interessanter Punkt die Analyse des Einflusses einzelstaatlicher Forschungsmaßnahmen auf europäische FRP. Im Sinne von einem Erfahrungsaustausch im Rahmen der freiwilligen „Offenen Methode der Koordinierung" könnten sich die verschiedenen Mitgliedstaaten über Best-Practice-Beispiele auch als Vorbild für administrative Umsetzungsstrukturen auf europäischer Ebene austauschen.[170] Diese Best-Practice-Beispiele könnte man in einem Ländervergleich zu nationalen Forschungspraktiken und der Untersuchung nationaler

---

[169]   Europäischer Rechnungshof: Sonderbericht über die Verwaltung indirekter FTE-Aktionen des 5. RP, S. 11

[170]   Bundesministerium für Bildung und Forschung: Kernforderungen der Bundesregierung an das 7. FRP, S. 11–12

Besonderheiten bei der Umsetzungspraxis von Forschungsprojekten im Rahmen europäischer FRP eventuell sondieren. In diesem Zusammenhang könnte auch die Ergänzung von europäischen Forschungsmaßnahmen durch Strukturfondsmittel und deren Einfluss auf die administrative Effizienz europäischer FRP betrachtet werden.[171]

Schlussbemerkung:

Trotzdem in dieser Masterarbeit hauptsächlich administrative Aspekte europäischer FRP betrachtet und analysiert wurden, soll abschließend nochmals darauf hingewiesen werden, dass das Hauptanliegen europäischer FRP in der Durchführung erfolgreicher Forschungsprojekte mit dem Ziel innovativer Forschungsergebnisse liegt. Diese innovativen Forschungsergebnisse bewirken die Stärkung der Wettbewerbsfähigkeit der europäischen Wirtschaft und machen den Europäischen Forschungsraum für Spitzenwissenschaftler attraktiver. Der administrative Rahmen soll dabei die fachliche Projektabwicklung nur unterstützen und begleiten. Es wird nun also auch zukünftig darum gehen, den Spagat zwischen der Einhaltung administrativer Randbedingungen auf europäischer Ebene und der verwaltungstechnischen Entlastung des Konsortiums bzw. der GD zu verwirklichen. Die Konsortien und dort genau die Spitzenwissenschaftler und Forscher sollen sich auf die fachlichen Projektinhalte und das Erreichen der angestrebten innovativen Forschungsziele konzentrieren können. Auch die GD müssen sich mehr auf fachliche und politische Führungsfragen fokussieren und die reine Verrichtung von routinemäßigen Verwaltungsaufgaben einschränken.[172]

---

[171] Europäische Kommission: Wissenschaft und Technologie: Schlüssel zur Zukunft Europas, S. 9
[172] Unabhängiges Expertengremium unter dem Vorsitz von Joan Majó: Fünfjahresbewertung der Programme der EU im FuE-Bereich 1995–1999, S. 16

Anhang

Abbildungs- und Tabellenverzeichnis

Abkürzungsverzeichnis

AC .... Additional Cost system; 5. FRP: Zusatzkostenmodell; 6. FRP: Zusatzkostenmodell mit Pauschale für indirekte Kosten
Abs. .... Absatz
BIP .... Bruttoinlandsprodukt
ca. .... zirka
CAs .... Coordinated Actions – Koordinierungsmaßnahmen
d.h. .... das heißt
EEA .... Einheitliche Europäische Akte
EG .... Europäische Gemeinschaft
EGV .... Vertrag zur Gründung der Europäischen Gemeinschaft
ERC .... European Research Council – Europäischer Forschungsrat
EU .... Europäische Union
Euratom .... Europäische Atomgemeinschaft
FC .... Full Cost system; 5. FRP: Vollkostenmodell; 6. FRP: Vollkostenmodell mit tatsächlichen indirekten Kosten
FF oder FCF. Full Cost Flat rate system; 5. FRP: FF – Vollkostenmodell mit Gemeinkostenpauschale; 6. FRP: FCF – Vollkostenmodell mit Pauschale für indirekte Kosten
FRP oder RP Forschungsrahmenprogramm oder Forschungsrahmenprogramme
FTE .... Forschung und technologische Entwicklung
FuE .... Forschung und Entwicklung
GD .... Generaldirektion oder Generaldirektionen
GD TREN .... Generaldirektion Transport und Energie
ggf. .... gegebenenfalls
i.d.R. .... in der Regel
IKT .... Informations- und Kommunikationstechnologien
IPR .... Intellectual Property Rights – Rechte des geistigen Eigentums
IP .... Integrated Projects – Integrierte Projekte
i.S.d. .... im Sinne der oder im Sinne des
Mio. .... Millionen
Mrd. .... Milliarden
NoE .... Networks of Excellence – Exzellenznetze
sog. .... so genannte / so genannter / so genanntes / so genannten
SSAs .... Specific Support Actions – Maßnahmen zur gezielten Unterstützung
STREPS .... Specific Targeted Research Projects – Spezifische gezielte Forschungsprojekte
TEN .... Transeuropäische Netze
u.a. .... unter anderem
USA .... United States of America – Vereinigte Staaten von Amerika
z.B. .... zum Beispiel
zzgl. .... zuzüglich

Literaturverzeichnis

Benz, Karsten: Effizienz des Controlling – Analytische und empirische Ableitung von Merkmalen der Controlling-Effizienz. Fakultät der Sozial- und Wirtschaftswissenschaften der Otto-Friedrich-Universität Bamberg, Bamberg, 1998. Betriebswirtschaftlicher Verlag Dr. Th. Gabler GmbH (Hrsg.): Gabler-Wirtschafts-Lexikon. Wiesbaden, 1992.

Bundesamt für Bildung und Wissenschaft der Schweiz / Euresearch (Hrsg.): Das 6. Rahmenprogramm für Forschung und Entwicklung der Europäischen Union 2002 – 2006. Bern, 2002.

Bundesministerium für Bildung und Forschung (Hrsg.): Das 5. Europäische Forschungsrahmenprogramm – Chancen für die Forschung in Deutschland. Bonn, 1998.

Bundesministerium für Bildung und Forschung (Hrsg.): Das 6. Forschungsrahmenprogramm – Chance für Deutschland und Europa. Bonn, 2002.

Bundesministerium für Bildung und Forschung (Hrsg.): Kernforderungen der Bundesregierung an das 7. EU-Forschungsrahmenprogramm – Den europäischen Forschungsraum voranbringen! gefunden unter: http://www.kowi.de/rp/download/Kernforderungen-FP7.pdf, 25. Januar 2005

Europäische Kommission: Mitteilung der Kommission an den Rat, das Europäische Parlament, den Wirtschafts- und Sozialausschuss und den Ausschuss der Regionen: Hin zu einem europäischen Forschungsraum. Mitteilung Nummer KOM (2000) 6 vom 18. Januar 2000. gefunden unter: http://europa.eu.int/eur-lex/de/com/cnc/2000/com2000_0006de01.pdf, 05. Februar 2005

Europäische Kommission: Mitteilung der Kommission im Anschluss an die Bemerkungen und Empfehlungen des hochrangigen Gremiums unabhängiger Sachverständiger zur Bewertung der Effizienz der neuen Instrumente des Sechsten Rahmenprogramms. Mitteilung Nummer KOM (2004) 574 vom 27. August 2004. gefunden unter: http://europa.eu.int/eur-lex/de/com/cnc/2004/com2004_0574de01.pdf, 10. Oktober 2004, European Commission: Working document of the Commission services: Annexe to the Communication from the Commission responding to the observations and recommendations of the high-level Panel of independent experts concerning the New Instruments of the sixth Framework Programme.

Europäische Kommission: Mitteilung der Kommission zu Wissenschaft und Technologie: Schlüssel zur Zukunft Europas – Leitlinien für die Forschungsförderung der Europäischen Union. Mitteilung Nummer KOM (2004) 353 vom 16. Juni 2004. gefunden unter: http://www.rp6.de/inhalte/rp7/Download/dat_/fil_728, 15. Januar 2005

Europäische Kommission (Hrsg.): Das Fünfte Rahmenprogramm – Die Forschungsprogramme der Europäischen Union für die Jahre 1998 – 2002. Europäische Gemeinschaften, 1999.

Europäischer Rechnungshof: Jahresbericht zum Haushaltsjahr 2001. In: Amtsblatt der Europäischen Gemeinschaften Nr. C 295/01 vom 28. November 2002. gefunden unter: http://europa.eu.int/eur-lex/pri/de/oj/dat/2002/c_295/c_29520021128de00010288.pdf, 13. Juni 2004

Europäischer Rechnungshof: Sonderbericht Nr. 1/2004 über die Verwaltung indirekter FTE-Aktionen des 5. Rahmenprogramms (5. RP) für Forschung und technologische Entwicklung (1998 – 2002) zusammen mit den Antworten der Kommission. In: Amtsblatt der Europäischen Gemeinschaften Nr. C 99/01 vom 23. April 2004. gefunden unter: http://europa.eu.int/eur-lex/pri/de/oj/dat/2004/c_099/c_09920040423de00010062.pdf, 13. Juni 2004

European Commission: Analysis of the stakeholder consultation on „Science and Technology, the key to Europe's future: guidelines for future European policy to support research" (COM 353/2004). DG Research, 10 December 2004. gefunden unter: http://europa.eu.int/comm/research/future/pdf/analysisdoc_en.pdf, 05. Februar 2005

European Commission: Technology Platforms – from Definition to Implementation of a Common Research Agenda. European Communities, 21 September 2004. gefunden unter: http://www.euractiv.com/29/images/Technology%20Platforms_tcm29-132052.pdf, 29. Januar 2005

European Research Advisory Board (EURAB): European Research Council. gefunden unter: http://europa.eu.int/comm/research/eurab/pdf/recommendations3.pdf, 05. Februar 2005

European Research Advisory Board (EURAB): The European Research Council (ERC) – A Possible Implementation Model. gefunden unter: http://europa.eu.int/comm/research/eurab/pdf/eurab-03051-implementationmodelrecommendations.pdf, 05. Februar 2005

Ganßer, Walter: Statistische Methoden für die Effizienzbeurteilung. In: Verwaltung und Management – Zeitschrift für allgemeine Verwaltung, Heft 5 vom September/Oktober 2003. Nomos Verlagsgesellschaft, Baden-Baden, 2003.

Glante, Norbert (Hrsg.): Das 6. Forschungsrahmenprogramm – Geschichte, Themen, Instrumente und Tipps. Helmut Schmidt Verlagsservice GmbH, Burg Sahr, 2002.

Helmholtz-Gemeinschaft Deutscher Forschungszentren e.V. (Hrsg.): Leitfaden zur Finanzierung indirekter Maßnahmen des Sechsten Forschungsrahmenprogramms – Eine Übersetzung der Helmholtz-Gemeinschaft Deutscher Forschungszentren e.V., Brüssel, 2004.

Heyking von, Wolf-Dietrich: Effizienz organisatorischer Maßnahmen und Strukturen – Eine Untersuchung mit Hilfe der Modellsimulation kybernetischer Systeme unter besonderer Beachtung verhaltenstheoretischer Aspekte. Fachbereich Wirtschaftswissenschaften der Universität Hamburg, Heide/ Holstein, 1982.

High-level Expert Panel chaired by Professor Ramon Marimon: Report of a High-level Expert Panel chaired by Professor Ramon Marimon: Evaluation of the effectiveness of the New Instruments of Framework Programme VI. gefunden unter: ftp://ftp.cordis.lu/pub/documents_r5/natdir0000065/s_6082005_ 20040713_124246_ADS0006763en.pdf, 18. August 2004

Hochrangige Sachverständigengruppe unter Vorsitz von Wim Kok: Bericht der Hochrangigen Sachverständigengruppe unter Vorsitz von Wim Kok zum Thema: Die Herausforderung annehmen – Die Lissabon-Strategie für Wachstum und Beschäftigung. Europäische Gemeinschaften 2004. gefunden unter: http://europa.eu.int/comm/lisbon_strategy/pdf/2004-1866-DE-complet.pdf, 15. Dezember 2004

König, Herbert: Erfahrungsbericht für die Bundesrepublik Deutschland. In: Effizienz im öffentlichen Bereich – ein internationaler Erfahrungsaustausch. Schriftenreihe der Schweizerischen Gesellschaft für Verwaltungswissenschaften (SGVW), Band 8, 1988.

Läufer, Thomas (Hrsg.): Vertrag von Nizza. Europa Union Verlag GmbH, Bonn, 2002.

McCarthy, Sean: How to negotiate, administer, manage and finish an EU R&D contract. Hyperion Ltd. Training Courses, Watergrasshill, Ireland, 2001.

Unabhängiges Expertengremium unter dem Vorsitz von Joan Majó: Fünfjahresbewertung der Programme der Europäischen Union im Bereich Forschung und
technologische Entwicklung, 1995 – 1999. Juli 2000. gefunden unter: ftp://ftp.
cordis.lu/pub/fp5/docs/fp5_panels_final_report_de_2000.pdf, 03. Januar 2005

Weidenfeld, Werner / Wessels, Wolfgang (Hrsg.): Europa von A bis Z: Taschenbuch
der europäischen Integration. Europa Union Verlag GmbH, Bonn, 2002.

Spezielle europäische Dokumente:

Beschluss zum 5. Forschungsrahmenprogramm: Beschluss Nr. 182/1999/EG des
Europäischen Parlaments und des Rates vom 22. Dezember 1998 über das
Fünfte Rahmenprogramm der Europäischen Gemeinschaft im Bereich der
Forschung, technologischen Entwicklung und Demonstration (1998–2002).
In: Amtsblatt der Europäischen Gemeinschaften Nr. L 026/01 vom 1. Fe-
bruar 1999. gefunden unter: http://europa.eu.int/eur-lex/pri/de/oj/dat/1999/
l_026/l_02619990201de00010031.pdf, 03. Januar 2005

Beschluss zum 6. Forschungsrahmenprogramm: Beschluss Nr. 1513/2002/EG des
Europäischen Parlaments und des Rates vom 27. Juni 2002 über das Sech-
ste Rahmenprogramm der Europäischen Gemeinschaft im Bereich der Forschung, technologischen Entwicklung und Demonstration als Beitrag zur
Verwirklichung des Europäischen Forschungsraums und zur Innovation
(2002–2006). In: Amtsblatt der Europäischen Gemeinschaften Nr. L 232/01
vom 29. August 2002. gefunden unter: http://europa.eu.int/eur-lex/pri/de/oj/
dat/2002/l_232/l_23220020829de00010033.pdf, 3. Januar 2005

Beteiligungsregeln zum 5. Forschungsrahmenprogramm: Beschluss des Rates Nr.
1999/65/EG vom 22. Dezember 1998 über Regeln für die Teilnahme von Unternehmen, Forschungszentren und Hochschulen sowie für die Verbreitung
der Forschungsergebnisse zur Umsetzung des Fünften Rahmenprogramms
der Europäischen Gemeinschaft (1998–2002). In: Amtsblatt der Europäischen
Gemeinschaften Nr. L 026/46 vom 1. Februar 1999. gefunden unter: http://
europa.eu.int/eur-lex/pri/de/oj/dat/1999/l_026/l_02619990201de00460055.
pdf, 3. Januar 2005

Beteiligungsregeln zum 6. Forschungsrahmenprogramm: Verordnung (EG) Nr.
2321/2002 des Europäischen Parlaments und des Rates vom 16. Dezember
2002 über Regeln für die Beteiligung von Unternehmen, Forschungszentren
und Hochschulen an der Durchführung des Sechsten Rahmenprogramms
der Europäischen Gemeinschaft (2002 – 2006) sowie für die Verbreitung der

Forschungsergebnisse. In: Amtsblatt der Europäischen Gemeinschaften Nr. L 355/23 vom 30. Dezember 2002. gefunden unter: http://europa.eu.int/eur-lex/pri/de/oj/dat/2002/l_355/l_35520021230de00230034.pdf, 3. Januar 2005

Durchführungsbestimmungen zur EU-Haushaltsordnung: Verordnung (EG, Euratom) Nr. 2342/2002 der Kommission vom 23. Dezember 2002 mit Durchführungsbestimmungen zur Verordnung (EG, Euratom) Nr. 1065/2002 des Rates über die Haushaltsordnung für den Gesamthaushaltsplan der Europäischen Gemeinschaften. In: Amtsblatt der Europäischen Gemeinschaften Nr. L 357/01 vom 31. Dezember 2002. gefunden unter: http://europa.eu.int/eur-lex/pri/de/oj/dat/2002/l_357/l_35720021231de00010071.pdf, 3. Januar 2005

Durchführungsbestimmungen zum 5. Forschungsrahmenprogramm: Verordnung (EG) Nr. 996/1999 der Kommission vom 11. Mai 1999 mit Durchführungsbestimmungen zu dem Beschluss 1999/65/EG des Rates über Regeln für die Teilnahme von Unternehmen, Forschungszentren und Hochschulen sowie für die Verbreitung der Forschungsergebnisse zur Umsetzung des Fünften Rahmenprogramms der Europäischen Gemeinschaft (1998 – 2002). In: Amtsblatt der Europäischen Gemeinschaften Nr. L 122/09 vom 12. Mai 1999. gefunden unter: http://europa.eu.int/eur-lex/pri/de/oj/dat/1999/l_122/l_12219990512de00090023.pdf, 3. Januar 2005

EU-Haushaltsordnung von 1977: Haushaltsordnung vom 21. Dezember 1977 für den Gesamthaushaltsplan der Europäischen Gemeinschaften. In: Amtsblatt der Europäischen Gemeinschaften Nr. L 356 vom 31. Dezember 1977. gefunden unter: http://europa.eu.int/eur-lex/lex/LexUriServ/LexUriServ.do?uri=CELEX:31977Q1231:DE:HTML, 8. Januar 2005

EU-Haushaltsordnung von 2003: Verordnung (EG, Euratom) Nr. 1605/2002 des Rates vom 25. Juni 2002 über die Haushaltsordnung für den Gesamthaushaltsplan der Europäischen Gemeinschaften. In: Amtsblatt der Europäischen Gemeinschaften Nr. L 248/01 vom 16. September 2002. gefunden unter: http://europa.eu.int/eur-lex/pri/de/oj/dat/2002/l_248/l_24820020916de00010048.pdf, 03. Januar 2005

Mustervertrag für das 5. Forschungsrahmenprogramm: Mustervertrag – Kostenerstattung bei Forschungs- und Technologieprojekten. gefunden unter: ftp://ftp.cordis.lu/pub/fp5/docs/moc_eur_de_199901.pdf, 11. Januar 2005

Weitere Internetquellen:

http://europa.eu.int/comm/research/future/foresight/index_en.html,
5. Februar 2004

http://europa.eu.int/rapid/pressReleasesAction.do?reference=IP/02/
929&format=HTML&aged=0&language=DE&guilanguage=en,
15. Dezember 2004

http://www.cordis.lu/fp5/management/particip/v-gfpbox7.htm#Box %207,
11. Januar 2005

http://www.cordis.lu/technology-platforms/, 29. Januar 2005

http://www.eubuero.de/service/veranstaltungen/ws071004, 21. Oktober 2004

http://www.europa-web.de/europa/03euinf/10counc/haushalt.htm,
15. Dezember 2004

http://www.fwf.ac.at/de/info-archiv/200304/european_research_council.html,
5. Februar 2005

http://www.kowi.de/rp/download/appendix_1-4_en.pdf, 15. Januar 2005

http://www.rp6.de/durchfuehrung/durchfuehrung/vertraege, 09. Januar 2005

http://www.rp6.de/durchfuehrung/durchfuehrung/vertraege/Download/dat_/9,
9. Januar 2005

http://www.rp6.de/durchfuehrung/durchfuehrung/vertraege/Download/dat_/10,
9. Januar 2005

http://www.rp6.de/durchfuehrung/durchfuehrung/Vertraege/Download/dat_/fil_
863, 9. Januar 2005

http://www.ursula-sowa.de/seiten/was_sie_will/Politikbereiche/Forschung/EU-
forschungsrat.htm, 5. Februar 2005

9 783933 363941